Peter Warschawski

ALLES AUSSER GEWÖHNLICH!

Was passiert, wenn Sie eigene Grenzen überwinden

2021

JERRY
MEDIA VERLAG

2. Aufl., 2021, Zürich

Lektorat: Harald Gourgé
Cover/Satz: Peggy John, AdobeStock_253770377 u. _229054096
Foto: Gianni Groppello
Druck: TopTryk Grafisk, Druckhaus Nord

ISBN: 978-3952508305

Einleitung

Ihretwegen habe ich dieses Buch geschrieben, ...

... denn Ihnen die Möglichkeit zu bieten, Ihr Leben so zu leben, wie Sie es sich schon immer gewünscht haben, ist seit mehr als 35 Jahren meine Arbeit. Und ich mache sie von Herzen gerne.

Im Laufe der Jahre wurde ich immer wieder gebeten, mein Gedankengut in einem Buch zu veröffentlichen. Ich zögerte jedoch, denn ein Buch schien mir nicht nützlich, um das zu erreichen, was die Leute, die mich darum gebeten haben, sich davon wünschten.

Die unpersönliche Buchform schien mir nicht geeignet zur Vermittlung all meiner Kenntnisse über Hirnfunktionen und das Wissen darüber, wie Informationen gesammelt, gespeichert und angewendet werden, sowie meiner wissenschaftlichen und therapeutischen Erfahrung bezüglich der Entstehung von Gefühlen.

Wenn die Welt durch Selbsthilfebücher zu retten wäre, würden wir bereits im Paradies leben! Doch leider sind wir noch nicht so weit.

Beim Lesen von Selbsthilfebüchern passiert nämlich etwas Tückisches, das unser Bewusstsein kaum identifizieren kann und wogegen es sich nicht zu wehren vermag: Bis wir alt genug sind, um uns mit Selbsthilfe zu befassen, sind wir auch in unserer Denkstruktur so weit geformt, dass wir neue Informationen durch unseren individuellen sowie unseren gesellschaftlich gewohnten Filter aufnehmen. Das bedeutet, wir sehen, wir hören, wir verstehen alles Neue auf der Basis des bereits Gelernten. Dies ist im Grunde genommen nicht schlecht und sogar recht effizient.

Doch diese unbewusste Betrachtung neuer Informationen durch unseren inneren Filter lässt uns neue Dinge und Ideen so verstehen, wie sie in den Rahmen passen, den wir bereits im Kopf haben.

Am Ende haben wir zwar mehr – aber mehr desselben, das wir zuvor schon hatten. Und *mehr desselben* ist immer noch *dasselbe* – nur mehr davon.

Um Grenzen zu **überwinden,** brauchen wir aber dort neue Denkstrukturen, wo uns die gewohnten in eine Sackgasse führen. Meiner Erfahrung und meiner Meinung nach kreieren wir jedoch erst dann neue Denkstrukturen, wenn entweder die Not so groß ist und so sehr drängt, dass wir wie aus heiterem Himmel einen spontanen Geistesblitz bekommen, oder wenn uns ein Außenstehender aufzeigen kann, wie wir unbewusst und unüberprüft denken – und *dass* und *wie* wir anders denken *könnten,* wenn wir nur wollten.

Ich zögerte deshalb lange, ein Buch zu schreiben, das für fast alle Leute nur *mehr desselben,* was sie schon kennen, liefern würde. Ich wollte keinen Beitrag zur Enttäuschung leisten, die sich einstellt, wenn Werkzeuge nicht das erhoffte Resultat erbringen. Ich wollte echte Resultate und wahrhafte Möglichkeiten kreieren für Leute, die ahnen, dass ihr Potenzial nicht ausgeschöpft ist und dass es mehr oder anderes geben könnte als das, was sie bereits haben.

Mir liegt es am Herzen, dass man mit der von mir angebotenen Information etwas *tun* und Ziele erreichen kann. Und so habe ich eine Karriere mit Seminaren, Coaching, Beratung und Psychotherapie geschaffen, damit ich mit wissbegierigen Menschen ganz unterschiedlicher Herkunft, Erfahrung und Ausrichtung persönlich zusammenkommen und arbeiten konnte, um ihnen zu helfen, ihre sehnlichst erwünschten Ziele zu erreichen und außerordentliche Resultate zu erzielen.

Ich bin dankbar dafür, dass meine langjährige Arbeit Früchte getragen hat. Das ist mir eine große Genugtuung.

Aber die Dinge sind immer so, wie sie sind. Auch ändern sich die Dinge ständig, und es gilt, beides zu akzeptieren. Wenn ich mich heute selbst frage »Was will ich, dass jetzt geschehen soll?«, sieht es mit dem Schreiben eines Buches anders aus.

Jetzt, da meine Arbeit durch von mir trainierte Coaches und Berater verbreitet wird und es klar ist, dass ich nicht auf ewig »meine« Teilnehmer und »meine« Klienten betreuen kann, scheint mir ein Buch die wohl beste weitere Möglichkeit zu sein, so umfassend wie möglich all das weiterzugeben, was ich anderen vermitteln will.

Gerne würde ich neben jedem, der dieses Buch liest, stehen und stets fragen: »Was haben Sie hier bemerkt, das anders ist als das, was Sie bis jetzt angenommen haben? Wie könnten Sie diese Unterscheidung in Ihrem Leben anwenden, um an Ihr Ziel zu kommen? Wie möchten Sie überhaupt, dass Ihr Leben aussehen soll, und was von diesen Gedanken könnte Ihnen dafür nützlich sein?«

Diese Fragen würde ich Ihnen stellen, denn unsere menschliche Fähigkeit, uns vorzugaukeln, dass wir das, was Sie in diesem Buch lesen werden, schon tun, ist enorm und führt zu großer Enttäuschung. Ich würde gerne helfen, das zu verhindern, damit Sie etwas Neues in diesen Seiten entdecken können.

Aber ich verlasse mich nun auf Sie. Sie werden offen und ehrlich weiterlesen und sich wie ein Kind darüber wundern, wie wir Menschen die Welt unserer Gedanken konstruieren und sie für uns zusammenhalten – zu unseren Gunsten oder zu unserem Leidwesen. Am Ende sind Sie es selbst, die mit Ihrer Offenheit, Ihrer Neugierde, Ihrer Lust, Ihrem Bewusstsein und Ihrer geistigen Ehrlichkeit den Unterschied machen werden!

Peter Warschawski (2020)

Geleitwort

»Überwinden eigener Grenzen«, so heißt das Seminar von Prof. Warschawski. Ein provokanter Titel, werden Sie vielleicht denken. Gewiss sind Sie – wie ich – schon des Öfteren in Ihrem Leben an Grenzen gestoßen, die zunächst unüberwindbar erschienen. Und manchmal haben wir irgendwie Wege gefunden, mit ihnen umzugehen.

Noch gut erinnere ich mich an mein erstes Seminar zu diesem Titel mit Prof. Warschawski in Zürich vor knapp 30 Jahren. Mein Unternehmen »Media Markt« war damals beinahe zehn Jahre alt, wuchs rasant und stand kurz vor einer Internationalisierung. »Eigentlich eine komfortable Ausgangsposition«, werden Sie vielleicht denken und sich fragen, warum ich genau zu jener Zeit das Bedürfnis verspürte, meine eigenen Grenzen neu auszuloten.

Der Titel auf der Seminarbroschüre hat mich spontan angesprochen, weil mir damals klar wurde, dass es Sinn macht, etwas zu tun, wenn es einem gut geht, bevor das Glück einen verlässt. Ich erinnerte mich an den Spruch: »Der Erfolg von gestern ist der Feind von morgen.« So wurde mir klar, dass der richtige Zeitpunkt für einen Neuaufbruch gekommen war.

Erich Fromm nannte Menschen, die im richtigen Moment in unser Leben kommen, »magische Helfer«, weil alles davon abhängt, ihnen im rechten Augenblick zu begegnen. Prof. Warschawski war für mich einer jener magischen Helfer, weil er mir die Klarheit schenkte, die mir half, meine Ziele zu finden, meiner Vision zu begegnen und so viel Neues zu lernen. Einiges schien mir vertraut, hatte ich doch manche seiner Thesen bereits viele Jahre lang instinktiv und unbewusst umgesetzt.

Unser Unternehmen hat sich im Laufe der Zeit von ursprünglich zwölf auf 60.000 Mitarbeiter vergrößert und zu einem Jahresumsatz von über 20 Milliarden Euro entwickelt. Heute weiß ich, dass die Unternehmenskultur maßgeblich zu diesem Erfolg beitrug. Diese Kultur kann man mit zwei einfachen Worten – die bei Prof. Warschawski Kernbegriffe sind – zusammenfassen: Freiheit und Verantwortung. Wir gaben unseren Mitarbeitern Freiheit und sie empfanden Freude dabei, diese verantwortungsvoll zu nutzen. Viele unserer Mitarbeiter haben die Chance, die wir ihnen mit dem Besuch dieses Seminars gaben, genutzt, und alle kehrten ausnahmslos begeistert und motiviert zurück. So hat Prof. Warschawski als Führungskräftetrainer und Unternehmenscoach jahrzehntelang maßgeblich zu unserem Erfolg beigetragen.

»In allen Grenzen liegt auch etwas Positives«, schrieb Immanuel Kant vor 235 Jahren. Durch Prof. Warschawski habe ich gelernt, Grenzen im klassischen Sinne sowie Wahrheiten zu hinterfragen, um neue Möglichkeiten zu entdecken. In der Regel werden wir Opfer der Grenzen, die wir selbst kreieren. Nie hätte ich geglaubt, wie unendlich weit die Landschaft sein kann, die sich hinter den mir von mir selbst gesetzten Grenzen verbirgt.

Nun wünsche ich Ihnen viel Freude beim Lesen von »Alles außer gewöhnlich – Was passiert, wenn Sie eigene Grenzen überwinden«. Seien Sie offen, begegnen Sie dem, was Ihnen Prof. Warschawski vermittelt, neugierig und unvoreingenommen – wie ein Kind, das voller Freude und Erregung seine ersten Holzklötzchen aufeinandertürmt und gespannt ist, was wohl daraus entstehen mag.

Erst das Bewusstsein und die Klarheit darüber, dass ich der Einzige bin, der diese Grenzen überwinden kann, führte dazu, dass ich mutig genug war, Sicherheiten loszulassen und mich voll und ganz auf das Leben einzulassen. In diesem Sinne wünsche ich Ihnen, dass es Ihnen so ergeht wie mir damals vor 30 Jahren: Dass Sie Anregungen und Antworten finden, Ziele entdecken, für die es sich einzustehen lohnt, dass Sie Ihrer Vision begegnen und dass Sie Freiheit, Freude und Glück sowohl im Privaten und mit Ihrer Familie als auch im Beruf finden.

Ihr Walter Gunz

Vorwort

Es ist Ihnen sicher auch schon einmal passiert: Sie sind mit Ihren Gedanken beschäftigt, tun sich schwer mit einem Projekt oder einem Problem, mit dem Sie nicht weiterkommen, doch der Alltag fordert Sie unablässig und zieht Sie in seinen Bann. Im Hinterkopf sitzt allerdings immer dieses Ding da, dieses Projekt, diese Lust an etwas.

Dann plötzlich haben Sie einen genialen Einfall. Oder noch eher, Sie hören oder sehen etwas bei jemand anderem, das Sie auf eine Lösungsidee bringt. Freude herrscht!

Und dann fangen Sie an, sich zu wundern. *Wenn das so einfach zu lösen war* (denn jede Lösung ist im Nachhinein einfach!), *warum bin ich nicht schneller oder nicht alleine darauf gekommen? Mein Gott, wie viel Zeit und Aufwand habe ich dafür gebraucht? Das hätte ich doch einfacher haben können!*

Und Sie haben recht. Hätten Sie es gesehen, hätten Sie es einfacher haben können. Es ist doch eine verflixte Sache mit dieser Suche nach Dingen, Ideen und Möglichkeiten, die man noch nicht sehen kann.

So traurig es auch ist, es zu konstatieren, so ist es doch eine Tatsache, dass die Menschheit im Allgemeinen im Nebel lebt. Manche weniger, die meisten mehr, aber wir alle haben Momente, in denen wir nicht klar sehen können, weil unsere Gedanken von unnützem Füllmaterial verstopft sind. Mit *unnützem Füllmaterial* meine ich unüberprüftes Gedankengut oder noch nicht hinterfragte Annahmen, die es sich einfach in unserem Hirn bequem gemacht haben.

Sie sind leicht dort hineingeraten. Eltern (auch die klügsten und wohlwollendsten), Lehrer, Traditionen, Medien und was auch immer haben die Tore unserer Köpfe weit geöffnet, damit wir lernen können, uns in dieser Welt zurechtzufinden. Vieles in diesem Informationsstrom ist nützlich, wichtig, sogar lebenswichtig. Es ist ein toller Liebesdienst des Universums an das heranwachsende Kind, das wir alle einmal waren und in gewissen Belangen noch sind.

Nur ist es so, dass auch vieles in unser Hirn mit hineingerutscht ist, das weniger hilfreich ist. Meistens erkennen wir die Berüchtigten, so zum Beispiel Vorurteile, Ängste, überholte Techniken usw. Aber wir merken selten, wenn wir Ideen beherbergen, die dort, wo wir sie anwenden wollen, nicht zielführend oder zumindest nicht nützlich sind.

Noch schlimmer: Manche dieser unnützen Gedanken wirken tatsächlich wie Füllmaterial oder wie eine Art »Hirnwatte«, indem sie uns – meist unbewusst – vor »harten Wirklichkeiten« wie Verantwortung oder Schmerz zu schützen scheinen, denen wir gerne entwischen möchten. Aus vielen verschiedenen Gründen ziehen wir es oft vor, in einem »grauen Zwielicht« zu leben, statt das Leben mit Klarheit anzupacken und zu meistern.

Der Preis, den wir für unsere mangelnde Klarheit bezahlen, ist die Zufälligkeit, die Willkürlichkeit unseres Lebensglücks und unseres Lebenserfolgs. Weil wir nicht merken, dass wir in Unklarheit leben, oder wenn wir nicht gewillt sind, uns Klarheit zu schaffen, leben wir in der Hoffnung auf das Wohlwollen des Universums. *Manchmal werde ich glücklich; manchmal nicht. Manchmal fällt mir etwas ein; manchmal eben nicht.* Glückssache.

Es muss nicht so sein. Wir sind in der Lage, uns unsere Gedanken bewusst zu machen, sie auszumisten, aufzuräumen, einzuordnen, zu reinigen, zu polieren und auf Hochglanz zu bringen, damit sie uns voll und ganz dienen können. Nicht etwa wie ein schlechter Mitarbeiter, der nach dem Motto »Komm ich heut' nicht, komm ich morgen« arbeitet, sondern im Gegenteil: zuverlässig, auf Abruf, bereitwillig.

Das kann man haben. Das kann man lernen.

Auf einen Nenner gebracht: Sei es Lehren, Training, Consulting, Coaching oder auch Therapie – es geht mir bei all meiner Arbeit letzten Endes immer um eine Sache: die Schaffung von Klarheit.

Klarheit, Klarheit und nochmal Klarheit ist mein berufliches sowie mein persönliches Motto. Denn Klarheit führt zur Lösung von Problemen und zur Erreichung außerordentlicher Ziele.

In meiner mehr als 35-jährigen Erfahrung ist mir noch kein Problem, keine Situation oder Angelegenheit begegnet, die nicht zumindest erheblich verbessert oder ganz aus der Welt geschafft werden konnte, solange man nur klar darüber zu denken imstande war. Noch erbaulicher: Mit Klarheit sind unsere Möglichkeiten, herrliche Ziele zu erreichen und Pläne zu verwirklichen, nahezu unbegrenzt.

Die Anwendung von klarem Denken in Verbindung mit der Klärung der eigenen Lebensvision erlaubt uns – von ganz minimalen Ausnahmen abgesehen –, in unserem Leben zu sein, zu tun und zu haben, was wir wollen. Ja, Sie haben richtig gelesen: zu sein, zu tun, und zu haben, was wir wollen.

Erscheint Ihnen das als zu hochmütig, zu übertrieben? Dann empfehle ich Ihnen, das Buch gleich wegzulegen. Sie haben noch nicht viel Zeit darauf »verschwendet«.

Wenn Sie aber Lust haben, Ihr Leben wirklich zu genießen, es voll im Griff zu haben, wenn Sie gerne in der Lage wären, stets Ihre angestrebten Ziele zu erreichen, und wenn Sie fähig sein möchten, Gutes für sich und Ihre Mitmenschen zu kreieren, fassen Sie Mut (denn Glücklichsein erfordert Mut) und lesen Sie weiter.

Alles in diesem Buch gilt gleichermaßen für Männer wie für Frauen. Wenn im Text der Einfachheit halber die männliche Form gewählt ist, so ist damit sowohl Mann als auch Frau gemeint. Des Weiteren steht alles unter der Annahme eines geistig normal funktionierenden erwachsenen Menschen.

Sie haben Arbeit vor sich! Von nichts kommt nichts. Aber es liegen auch unglaubliche Möglichkeiten vor Ihnen, wenn Sie sie anzupacken verstehen. Kommen Sie mit in diese Welt von Möglichkeiten. Es ist dieselbe wie die Welt von Klarheit.

Ich gehe voran …

Inhalt

Einleitung 3

Geleitwort 6

Vorwort 9

Kapitel 1 Die Vier Bedingungen 16

Kapitel 2 Hilfsmittel – oder Geschenke des Lebens 48

Kapitel 3 Darf ich das? – Das existenzielle Recht 55

Kapitel 4 Vision 60

Kapitel 5 Risiko- und Sicherheitsdenken 70

Kapitel 6 Die Konstruktion der Wirklichkeit – Wie wir wissen, was wir wissen 76

Kapitel 7 Wahrheit – Wie wissen wir, was stimmt? 91

Kapitel 8 Grenzen – Wo ziehen wir die Trennungslinien? 100

Kapitel 9 Wollen und Müssen 106

Kapitel 10 Das fortlaufende Experiment – Unser Erfolgsrezept 123

Kapitel 11 Von Egoismus zu Verantwortung 131

Kapitel 12 Klarheit – Das A und O unserer Arbeit.......... 135

Kapitel 13 Gefühle – Wie gehts mir eigentlich? 156

Kapitel 14 Wir kommen zum Schluss –
Funkelnde Augen, herrliche Ziele 177

Mein Dank 183

Anmerkung 187

Literaturverzeichnis 192

Seminare mit Prof. Dr. Peter Warschawski 206

Kapitel 1
Die Vier Bedingungen

Sie können sein, tun und haben, was Sie wollen!

Wirklich?

Nicht möglich!

Es widerstrebt Ihrem Hirn, zu glauben, dass es möglich ist. »Schön wärs, aber die Welt funktioniert nicht so.« Alles, was Sie bis jetzt erfahren haben, sagt Ihnen, dass es so etwas nur im Märchen gibt. »Und wenn sie nicht gestorben sind, so leben sie noch heute« – so enden die meisten Märchen. Aber hier hatten die Glücklichen, die noch leben und sein und tun und haben können, was sie wollen, eine Begegnung mit einer guten Fee, die ihren Zauberstab vortrefflich zu schwingen wusste. Wir hingegen haben die gute Fee nicht getroffen.

Und doch …

Es *ist* möglich, zu sein, zu tun und zu haben, was Sie wollen – mit nur einer einzigen Ausnahme. Wenn es nicht so wäre, könnte ich dieses Buch nicht schreiben. Und Sie sind, wenn Sie konsequent dranbleiben, jetzt schon auf dem Weg, sich die nützlichen Denkstrukturen anzueignen, um es zu können.

Betrachten Sie es so:

Annahmen

Unsere ganze Existenz beruht auf Annahmen. Ohne Annahmen hätte nichts eine Bedeutung. Vom ersten Lebenstag an führt uns alles, was wir erfahren, erlernt, gesehen, gehört, vermutet oder geahnt haben dazu, Annahmen zu machen. Wir nehmen unbewusst an, dass alles, was wir erfahren, gelernt oder gedacht haben, sich wieder genau so zeigen wird, wenn sich das Gleiche oder etwas Ähnliches in unserem Leben präsentiert. Wir wundern uns nicht ständig über die Dinge, die Ereignisse und Umstände, die um uns herumschwirren. Im Gegenteil, wir sind davon überzeugt, dass es ein Merkmal des Erwachsenseins sei, sich – im Gegensatz zu Kindern – in der Welt zurechtzufinden. Und das ist so. Oft, meistens – fast immer. Aber eben nur *fast*. Und an diesem »fast« zeigen sich unsere Grenzen.

Unsere Annahmen sind uns eine unglaubliche Hilfe. Sie sagen uns, was wir denken sollen, wie wir uns fühlen sollen, was in jeder Lage am besten zu tun ist. Ohne unsere Annahmesammlung wären wir wie am ersten Lebenstag: Voller Hilflosigkeit, ohnmächtig, absolut angewiesen auf Rat von außen.

Was haben Sie angenommen, als Sie begannen, dieses Buch zu lesen? Sicher, dass es sich lohnen wird, dass es interessant und hilfreich sein könnte, dass es etwas Neues ist, das Sie nicht schon wissen ... sonst hätten Sie es gleich wieder weggelegt oder gar nicht erst in die Hand genommen.

Und so ist es bei allem, was Sie tun, was Sie aussuchen, was Sie interessiert. Dahinter stehen immer eine oder mehrere Annahmen. Diese sind zwar meist unbewusst; sie werden getroffen, ohne es zu merken – und wenn doch, werden sie nicht hinterfragt. Aber sie sind ausschlaggebend für unser Leben. Sie bestimmen, was wir sind, tun und haben.

Schon der Untertitel dieses Buches birgt mehrere Annahmen in sich. *Was passiert, wenn Sie eigene Grenzen überwinden.* Was sind die Bedingungen für eine *Grenze?* Was macht eine Grenze zur Grenze? Wozu wollen wir eine Grenze überwinden? Könnten wir sie nicht einfach stehen lassen und gleich glücklich sein?

Ja, wir würden die Grenze nicht als solche bezeichnen oder empfinden – wir wären einfach da, wo wir sind –, wenn wir nicht etwas anderes wollen würden, das jenseits dieser »Grenze« liegt. Eine Grenze ist für uns eine Unterbrechung auf dem Weg zu etwas, das wir wollen und noch nicht haben. Eine Grenze zeigt sich – und kann sich nur dann zeigen –, wenn ein Ziel da ist. Wenn wir von Grenzen sprechen, nehmen wir bewusst oder unbewusst an, dass wir ein Ziel haben. Eine Grenze bedingt ein Ziel! Sonst sind wir einfach irgendwo, nämlich da, wo wir sind.

Welche Annahme wird durch den Begriff *überwinden* vorausgesetzt? Um überhaupt Sinn zu machen, müssen wir die Annahme machen, dass man überwinden *kann,* dass es überhaupt möglich ist – auch für mich, wenn wir von *eigenen* reden –, die Grenze zu beseitigen, zu meistern, aufzulösen, zu überwinden.

Die Annahmen werden jetzt zusammengefasst: Wir haben ein Ziel; wir sind auf dem Weg zu diesem Ziel steckengeblieben, sind aber in der Lage, diese Hürde zu überwinden und somit unser Ziel zu erreichen.

Wenn wir diese Annahmen zusammenfassen, sehen wir, dass wir sein, tun und haben können, was wir wollen. Das ist die grundlegende Annahme dieses Buches, ja meiner Arbeit überhaupt. Für Ihr Leben trifft diese Annahme auch zu – wenn Sie es wollen.

Damit das jedoch möglich wird und damit diese grundlegende Annahme nicht Theorie bleibt, sondern praktische Wirklichkeit wird, müssen wir vier Bedingungen gleichermaßen erfüllen.

Hier sind sie:

Vier Bedingungen,
um sein, tun und haben zu können, was wir wollen

1. Wir müssen Klarheit über unsere Ziele und unsere Vision haben.
2. Wir müssen Klarheit über das Unabdingbare zur Zielerreichung haben.
3. Wir müssen anerkennen, dass die Dinge in jedem Moment so sind, wie sie sind.
4. Wir müssen gewillt sein, das »Kämpfen« aufzugeben.

Was verbirgt sich alles hinter diesen auf den ersten Blick einfach und beinahe banal klingenden Bedingungen? Schauen wir sie einzeln an, um zu verstehen, was sie bedeuten und wie unabdingbar ihre Erfüllung ist.

Die 1. Bedingung:
Klarheit haben über unsere Ziele und unsere Vision

Heutzutage wird mit Begriffen wie »Ziel«, »Vision« und auch dem weniger fassbaren Ausdruck »Mission« in der Geschäftswelt sowie im Privatleben umhergeworfen, als ob sie fast dieselbe Bedeutung hätten und austauschbar wären. Irgendwo im hinteren Nebelraum unseres Hirns denken wir, dass *Vision* und *Mission* einfach Steigerungsformen von *Ziel* seien. Wir glauben, ein großes, höherwertiges Ziel sei eine Vision oder eine Mission.

Hier will ich jedoch klären, was mit diesen Begriffen genau gemeint ist.

Ein *Ziel* ist immer das Klare, Konkrete und Messbare, das ich erreichen will. Eine Schokolade oder ein Haus zu kaufen, ist ein Ziel. Wir wissen, was eine Schokolade ist, was ein Haus ist, und wir wissen es, wenn sie endgültig in unserem Besitz sind. Die Handlung und die Dinge selbst sind klar, konkret und messbar.

Auf dem Mond zu landen oder die meisten Filialen in einer Branche zu haben, das sind alles Ziele und weder Visionen noch Missionen, ganz gleich wie aufwendig, vielschichtig oder hochstehend diese Ziele uns zu sein scheinen. Wir können sie konkret und handfest ansteuern. Wir können messen, wie nahe wir dran sind, was noch fehlt, und wir wissen es, wenn sie erreicht sind. Nicht nur können wir das, sondern alle, die zuschauen, können diese Taten wahrnehmen und messen.

Vision ist etwas ganz anderes. Die Vision – und sie ist für jeden Menschen einzigartig – ist der abstrakte Begriff dessen, was der Mensch mit seinem Leben *als Ganzes* überhaupt will. Vom ersten Lebenstag an – wenn nicht schon früher – regt sich in uns etwas Unfassbares, etwas, das unserem Leben zugrunde liegt, etwas, das sinngebend für unsere Existenz ist, etwas, das unser Leben lebenswert macht.

Nicht in Zahlen greifbar, nicht messbar, nicht konkret ist die Vision die Antwort auf die Grundfragen »Was will ich überhaupt im Leben? Wozu mache ich mich jeden Tag verrückt? Wozu das Ganze? Was will ich davon haben?«

Jeder von uns hat eine Vision, und nur eine, und zwar von Geburt an bis zum Tod. Die Tatsache, dass Sie sie vielleicht oder wahrscheinlich jetzt noch nicht kennen, ist einfach der momentane Zustand. Sie haben eine! Sie kommen mit Ihrer Vision zur Welt, und Sie sterben mit dieser Vision. Im Laufe Ihres Lebens werden Sie sie jeweils anders ausdrücken oder für andere Ziele einsetzen, aber sie wird unverändert bleiben. Wenn es bei Ihnen vielleicht im Moment ein bisschen Unbehagen erzeugt, etwas so Zentrales und Bedeutungsvolles zu haben, ohne es zu erkennen, so beginnen Sie doch jetzt schon damit, sich zu freuen und sich zu beruhigen im Wissen, dass Sie einen unveränderbaren Kern, einen ruhenden Pol in sich haben, auf den Sie sich immer verlassen können.

Die eigene Vision ist selbstverständlich persönlich und einzigartig. Die Vision eines jeden Menschen hat eine Kerneigenschaft: Sie ist immer etwas Positives, das in der Welt etwas Positives schaffen will.

Das heißt – und es ist wichtig, das zu erkennen –, dass das, was wir aus der Vision heraus für uns sehnlichst wollen und verfolgen, auch das ist, was wir für andere und für die Welt im Allgemeinen wollen. Etwas Positives – nicht vergessen! So kommt es, dass das, was wir aus allem, was wir tun oder in unserem Leben schaffen und ernten wollen, gleichzeitig auch das ist, was wir anderen durch unsere Handlung oder unser Dasein spenden und schenken wollen.

Vielleicht stellt sich Ihnen nun die Frage: »Wenn jeder Mensch eine Vision hat und die Vision immer etwas Positives ist, das in der Welt etwas Positives schaffen will, wie können wir böse Menschen – etwa einen Hitler oder einen Stalin – in unserem Konzept von Vision verstehen oder einordnen?« Eine gut überlegte, tiefschürfende Frage.

So schwer es mir auch fällt, irgendetwas Positives über solch extrem böse Menschen zu sagen, ist es dennoch so, dass der kleine Adolf und der kleine Josef – wie alle Menschen – einmal als kleine unschuldige Wesen mit ihrer positiven Vision zur Welt gekommen sind. Was dann in ihren Laufbahnen als Kinder und Jugendliche geschehen sein mag, das sie zum Entgleisen von der Schiene ihrer Vision verleitet hat, wissen wir nicht genau. Eindeutig klar ist jedoch, dass sie keine Verbindung mehr zu ihrer Vision gefunden haben und vollkommen entgegen ihrer Vision auf der Ebene von Zielen entschieden und gehandelt haben und dafür verantwortlich sind.

In ▶Kapitel 4 werden wir von der Rolle »Guter Ideen« bei allen Menschen sprechen, und dies ist eine Möglichkeit, um zu verstehen, wie solche Bösewichte Ziele aus einer verheerenden Ideologie, die für sie eine »Gute Idee« darstellt, verfolgen können, die keine Verbindung zur Vision haben – und dies auf entsetzliche Weise.

Doch zurück zu uns. Wir leben unser Leben – bewusst oder meistens unbewusst – in der Verfolgung unserer Vision. Wir sind es gewohnt, unser Leben im Kontext unserer Ziele zu sehen. Aber unsere Ziele sind rein konkrete Ausdrucksformen unserer Vision. Ziele können sich über die Entwicklungsdauer unseres Lebens ändern. Die Vision aber, die bleibt.

Bleibt die Vision wirklich? Und wieso nur *eine* Vision? Weil der rote Faden, den wir durch das Leben eines jeden Menschen nachvollziehen können, einzig und beständig ist. Dieses Phänomen können wir wahrnehmen, verstehen und benennen. Also, per definitionem. Die Vision, von der wir sprechen, die wir hier meinen, ist eine und ist einzigartig. Sie kommt mit uns, und sie geht mit uns. Beständig und unveränderbar. Sie ist das Grundgefühl, das wir in unserem Leben sowohl immer erleben als auch gleichzeitig anderen bescheren wollen.

Irgendetwas unter unseren Annahmen wehrt sich dagegen. Wir haben es nicht gerne, solche Aussagen zu machen, solche fundamental klingenden, absoluten Behauptungen zu denken, geschweige denn, sie auszusprechen.

Wir sind davon abgekommen; wir sind eines Besseren belehrt worden. Wir leben in einer philosophisch und gesellschaftlich gefährlichen Zeit des Relativismus – vor allem des ethischen Relativismus. Er führt dazu, dass, wenn Dinge gelten sollen, wenn alles seine Berechtigung haben soll, wenn man alles verstehen soll, die bleibenden, konstanten Werte, an die wir uns geklammert haben, so weit verwässert sind, dass wir keinen Halt mehr darin finden. Ein großer Teil der menschlichen Schwierigkeiten in unserer Zeit entsteht durch Mangel an Klarheit über allumfassende Werte.

Vision aber ist – auch in unserer verwirrenden Zeit – etwas, das bleibt, etwas, das anhält. Man kann seine Gedanken ändern, sich etwas Neues aneignen, aber im SEIN bleibt man, wie man ist.

Wieso es so ist, können wir nicht mit Bestimmtheit sagen. Wir können nur phänomenal feststellen, *dass* es so ist. Und dass es so ist, stellen wir immer wieder fest. Denken Sie nur an die Leute, die Ihnen nahestehen. Denken Sie an Ihre Geschwister, die so anders sind als Sie, obwohl sie dieselben

Eltern haben wie Sie, unter demselben Dach, im selben Milieu wie Sie aufgewachsen sind. Sind Sie und Ihre Geschwister nicht heute im Kern in derselben Weise unterschiedlich, wie sie es schon als Kinder waren?

Und wie ist es bei Ihren Kindern? Keines – wenn Sie mehr als eines haben – ist in seinem Sein, seinem Temperament, seiner Persönlichkeit, seiner Ausstrahlung dem anderen gleich, auch wenn Sie sich Mühe gegeben haben, die Kinder gleich zu erziehen. Und ist es nicht auch so, dass jedes Kind als Baby und als Kleinkind schon dieselben Eigenschaften seines Seins gezeigt hat wie heute? Sie sind größer geworden, natürlich, sie drücken sich anders aus, aber *plus ça change, plus c'est la même chose – je mehr es sich ändert, desto mehr bleibt es gleich.* Sie sind glücklich und traurig über dieselbe Art von Dingen und Ereignissen, wie sie es immer waren. Wenn Sie Ihr Kind gut kennen, werden Sie voraussagen können, wie es auf bestimmte Vorgehensweisen und Ereignisse reagieren wird – im Unterschied zu seinen Geschwistern.

Woher kommt wohl die Vision – diese Quelle der Individualität, die wir empfinden bei allen, denen wir begegnen? Wir wissen es noch nicht.

Meine Lieblingsidee ist es aber, dass bei der Zeugung noch eine weitere Kraft über das Elternpaar hinaus mitwirkt. Nennen wir sie eine höhere Macht, Schicksal, Vorsehung, Gott, wie Sie wollen, aber irgendeine Kraft, die bestimmend ist für unser Sein – sie gibt unserer Kreation den allerletzten Schliff. Sie winkt sozusagen – auch eine meiner Lieblingsvorstellungen – mit ihrem Zauberstäbchen und sagt: »Piiiiing! Das ist, wer du bist!«

Und dann kann das Herrliche geschehen. Lebt man in Einklang mit der eigenen Vision, so lebt man in Harmonie mit sich selbst. Man hat ein Gefühl der inneren Ruhe, des *Im-Einklang-mit-sich-selbst-und-dem-Universum-leben*, die Stärke des Selbstvertrauens. Das Leben gemäß der eigenen Vision, ist – auch wenn es von viel Arbeit gekennzeichnet ist – wunderbar und zufriedenstellend. Wenn man nach seiner Vision – auch unbewusst – handelt, dann geht es einfach, elegant und leichtfüßig, ohne jede Rackerei. Auf die Vision kommt es im Leben an!

Andererseits kann es leider passieren, dass man nicht im Einklang mit der eigenen Vision lebt, und daraus ergeben sich immer Unzufriedenheit, Unsicherheit und das Gefühl, »neben den Schuhen« zu gehen – ungeachtet der Mühe, die man sich gibt, um die Dinge »recht« zu machen.

Sie alle kennen solche Leute – sie sind leider in der Mehrzahl –, die sich bemühen, sich abplagen, sich sogar verrückt machen in der Verfolgung von Dingen und Zielen, die ihnen wenig Freude bereiten und deren einzige Genugtuung daher kommt, dass man sie erledigt hat. Leute, die eher lustlos sind, haben den Kontakt zu ihrer Vision verloren. Es kann sein, dass ihnen dann und wann irgendetwas über den Weg läuft, das ihr Interesse und ihre Freude weckt, weil – ohne, dass sie es merken oder erklären können – etwas an diesem Projekt oder an diesen Umständen für sie nach Vision »riecht«. Aber das ist reiner Zufall und verflüchtigt sich wieder, sobald das Projekt zu Ende ist.

Um ein erfülltes Leben immer wieder kreieren zu können, muss der Mensch wissen, was seine Vision ist.

Zu diesem Zwecke macht im Seminar *Überwinden eigener Grenzen* jeder Teilnehmer die nötige Vorarbeit, um am letzten Tag mit einem Coach seine Vision ganz persönlich für sich zu klären – eine Entdeckung, die ihn dann durch sein ganzes Leben begleitet und an der er alle seine Ziele messen und seine Grenzen fortlaufend überwinden kann.

Nach der Lektüre von ▶Kapitel 6 *Die Konstruktion der Wirklichkeit* werden Sie verstehen, dass es schier unmöglich ist, ohne Hilfe eines Außenstehenden, eines Coaches, etwas wahrhaftig Neues, etwas außerhalb unserer bisherigen Erfahrung – und erst recht über uns selbst – zu erdenken und zu konzipieren.

Ich möchte Ihnen liebend gerne versprechen, was ich meinen Seminar-Teilnehmern verspreche: dass Sie durch diese Arbeit Ihre Vision definitiv herausfinden werden. Dazu lege ich Ihnen ans Herz, am Seminar *Überwinden eigener Grenzen* teilzunehmen, wenn Sie Lust dazu haben.

Als Leser dieses Buches kommen Sie der Sache schon näher.

Wenn Sie offen und empfänglich über den Charakter und die Funktion von Vision lesen, und wenn Sie sich tiefgreifende Gedanken darüber machen, was Sie am allerliebsten von Ihrem Sein und Ihrem Tun haben wollen, was die Gefühle sind, die Ihnen das höchste Maß an Glück und Genugtuung bringen, so pirschen Sie sich bereits an Ihre Vision heran. Achten Sie darauf, wie Sie sich fühlen, wenn Sie im »Flow« sind, d. h. wenn Sie »eins sind« mit dem, was Sie tun. Gedanken über den Charakter und die Qualität Ihrer gehobenen Stimmung bringen Ihre Vision klarer in Ihr Bewusstsein, als es all den Menschen geht, die sich keine Gedanken darüber machen und ihr Leben aus dem Stegreif leben. Bleiben Sie also offen, wundern Sie sich, und gehen Sie voll Vertrauen weiter!

Was insbesondere für Unternehmer und Führungskräfte interessant ist: Es gibt auch für Organisationen eine Vision, und die Firmen, die ihre Vision klären und ihr ganzes Unternehmen danach ausrichten, funktionieren am effizientesten und am erfolgreichsten. Sie kreieren und erleben höchsten Profit und höchste Menschlichkeit. Die besten Unternehmen setzen sich nur Ziele, die Ausdruck ihrer Vision sind, und alle Beteiligten bleiben »am Ball« der Vision.

Es ist leicht vorauszusehen, dass in Zukunft nur noch die Unternehmen blühen werden, die visionsgeführt sind, denn die interessanten, kreativen Leute werden sich nur von einem visionsgeführten und nicht mehr von hierarchiegeführten Unternehmen angezogen fühlen, werden dort ihre beste Arbeit leisten und ihre höchste Erfüllung erleben. Aber dies ist ein anderes Buch wert …

Zusammengefasst: Um ein erfülltes, erfolgreiches Leben zu leben, ist es also *unabdingbar*, Klarheit über Vision und Ziele zu schaffen. Was ich mit unabdingbar meine und weshalb es so ein wichtiger Aspekt ist, bringt uns gleich zur zweiten Bedingung.

2. Bedingung:
Wir müssen Klarheit haben über das Unabdingbare zur Erreichung eines Zieles (Ich nenne das einen *Bodenpunkt)*

Wir wollen uns bewusst machen, dass die Erreichung jedes Zieles etwas Unabdingbares voraussetzt. *Unabdingbar* bezieht sich auf das, was unbedingt sein muss, damit ein Ziel erreicht werden kann – es geht nicht ohne. Das Unabdingbare ist uns so klar, dass wir ihm meist keine Beachtung schenken. Wir übersehen das Selbstverständliche. Zum Beispiel, wenn wir Fußball spielen wollen, *müssen* wir einen Fußball haben. Ohne geht es nicht.

»Na klar«, sagen Sie sich, »Fußball ist Fußball. Der Name sagt es ja!«

Ein weiteres Beispiel für etwas Unabdingbares (einen Bodenpunkt) sind gesunde Beine für eine Ballerina. Eine Ballerina kann nur Ballett tanzen, wenn sie zwei gesunde Beine hat.

Sind die Beine nicht gesund, oder fehlt – Gott behüte! – ein Bein oder beide Beine, dann kann sie nicht Ballerina sein. Auch wenn sie es einmal war, kann sie sich jetzt nur noch Ballerina nennen; aber Ballerina *sein* kann sie nicht mehr.

Viel allgemeiner betrachtet: Wir alle – das heißt, die gesamte Menschheit – müssen Sauerstoff haben, wenn wir leben wollen. (In all unseren Betrachtungen in der Domäne von Excellence, d. h. in der Domäne eines außergewöhnlichen Lebens, nehmen wir immer an, dass wir leben *wollen.*) Wir können wünschen, dass es anders wäre, wir können fantasieren, wie es wäre, unter Wasser zu leben oder ohne Hilfsmittel fliegen zu können, aber *tun* können wir es nicht. Wir können nicht außer Acht lassen, dass Sauerstoff ein Bodenpunkt für das menschliche Leben ist.

Bodenpunkte sind immer das, was sein *muss* – all das, worüber man ehrlich sagt »Es geht nicht ohne.« Bodenpunkte sind das berühmte *sine qua non.* Vergleichbar mit dem Boden, den wir unter den Füßen haben müssen, um etwas zu bewegen oder auf das Ziel hinzuschreiten, sind Bodenpunkte unerlässlich, um ein Ziel zu erreichen. Wie Archimedes schon sagte: »Gebt mir einen *festen Punkt* im All, und ich werde die Welt aus den Angeln heben.«

Wichtig anzumerken ist, dass Bodenpunkte immer durch das Ziel definiert werden und auf dem letzten Stand des menschlichen Wissens beruhen. Bis jetzt wissen wir zum Beispiel nicht, wie wir ohne Sauerstoff leben können; aber wer weiß, ob vielleicht eines Tages eine entsprechende Entdeckung gemacht wird.

Anhand dieses Beispiels merken Sie vielleicht, wie einfach es sein kann, Bodenpunkte zu übersehen. Sie sind uns so selbstverständlich, dass sie nicht präsent für uns sind. Obwohl wir sie kennen und obwohl sie unabdingbar sind, denken wir nicht an sie.

Jetzt wollen wir zwischen zwei Arten von fehlenden Bodenpunkten unterscheiden.

Der vorübergehend fehlende Bodenpunkt

Hierzu gehört der Fußball, wenn man Fußball spielen will. Oder ein weiteres Beispiel: Ein Auto, wenn man Auto fahren will. Der Fußball respektive das Auto sind natürlich Bodenpunkte, um Fußball zu spielen oder Auto zu fahren. Ohne Fußball gibt es kein Fußballspiel. Ohne Auto gibt es keine Autofahrt. Man kann darüber nachdenken wie man will, aber ohne sie gehts nicht.

Diese Art von Bodenpunkten können wir jedoch beschaffen, wenn sie fehlen. Das heißt, sie fehlen nur temporär. Wir können sie kaufen, ausleihen, mieten, im Notfall sogar stehlen, was auch immer ... aber wir können sie *bekommen*. Vorübergehend fehlende Bodenpunkte bedeuten lediglich eine zeitliche Verschiebung zur Erreichung eines Zieles. Wenn wir uns den fehlenden Bodenpunkt beschafft haben, können wir das Ziel weiterverfolgen. »Aufgeschoben ist nicht aufgehoben.«

Der permanent fehlende Bodenpunkt

Wenn aber ein Bodenpunkt permanent fehlt, so ist es nicht möglich, das Ziel zu erreichen. Die Ballerina, die gar keine oder keine gesunden Beine hat, kann nicht Ballerina sein. Und zwar nie mehr. Nach letztem Stand des menschlichen Wissens wachsen uns Menschen fehlende Glieder nicht wieder nach und können nur beschränkt, zum Beispiel durch eine Prothese, ersetzt werden. Viele Ziele können mit einer Prothese erreicht werden – in diesen Fällen stellt ein fehlendes Bein keinen permanent fehlenden Bodenpunkt dar. Will man aber eine professionelle Ballerina sein, ist ein fehlendes Bein ein permanent fehlender Bodenpunkt.

Ebenso verhält es sich mit dem Altern. Trotz jahrzehntelangem Suchen nach dem »Fountain of Youth« – dem »Jungbrunnen« – ist es nach letztem Stand des menschlichen Wissens immer noch unmöglich, jünger zu werden. Wir können uns Mühe geben, in Körper und Geist jung zu bleiben oder uns jung zu fühlen, aber trotzdem werden wir mit jedem Tag älter. Um jünger zu werden, fehlt uns permanent ein Bodenpunkt. Es ist nicht möglich – und dass es so ist, liegt in der Sache und entzieht sich unserer Entscheidung.

Wenn wir sagen, dass wir sein, tun, und haben können was wir wollen, ist hier die einzige Ausnahme! Wenn zur Erreichung eines Zieles ein Bodenpunkt permanent fehlt, ist es schlicht nicht möglich. Und das ist der einzige Fall, dass ein Ziel nicht erreicht werden kann, denn es entzieht sich vollkommen unserem Einfluss. Wir können nichts anderes tun, als es zu akzeptieren.

Zum Trost ist diese Tatsache nie persönlich. So geht es allen Leuten, die etwas wollen, wozu ihnen ein Bodenpunkt permanent fehlt Es liegt an einer Eigenschaft des Ziels, nicht an der Person.

Einen Wunsch nicht realisieren zu können, ist immer schade. Es ist traurig, scheint tragisch und beinahe traumatisch zu sein, etwas als unmöglich zu erkennen und die Hoffnung aufgeben zu müssen. Doch wie diese Tatsache sich in unserem Leben zeigt, ist normalerweise nicht so dramatisch.

Es kommt nämlich kaum jemals vor, dass wir unter »Unmöglichkeit« leiden, denn dem geistig intakten Menschen kommt es erst gar nicht in den Sinn, sich solch ein Ziel zu setzen. Parallel dazu: Wie wir anfangs bemerkt haben, sind Bodenpunkte so selbstverständlich, dass wir dazu tendieren, sie zu übersehen – und ebenso ist es umgekehrt. Sie sind uns so selbstverständlich, dass wir kaum je auf die Idee kommen, etwas zu wollen, wozu uns der entsprechende Bodenpunkt permanent fehlt.

Manchmal sagt oder denkt man Dinge wie: »Wäre es nicht fein, wenn man gleichzeitig an zwei Orten sein könnte?« Ein unterhaltsamer, interessanter und attraktiver Gedanke, aber wir nehmen uns das nicht wirklich vor. Wir setzen uns auch nicht ernsthaft das Ziel, jünger zu werden oder ohne Hilfsmittel vom Dach unseres Hauses zu fliegen und heil unten anzukommen. Träumen können wir es, aber tun können wir es nicht.

Wirklich schade und tragisch hingegen ist, wenn wir etwas zu einem fehlenden Bodenpunkt erklären, der gar keiner ist. Vorsicht, denn damit verurteilen wir die tollsten Ziele und die herrlichsten Vorhaben ohne treffenden Anlass zum Scheitern. Wir geben auf und bringen uns um das erfüllende Erlebnis der Erreichung unserer wunderbaren Ziele.

Deshalb betone ich die Wichtigkeit dieser zweiten Bedingung: Klarheit zu haben über das Unabdingbare in Hinsicht auf die Klärung, was in der Tat ein Bodenpunkt zur Erreichung eines Zieles ist und was nicht, und im Hinblick auf die vorübergehende oder permanente Natur eines fehlenden Bodenpunktes.

3. Bedingung:
Die Dinge sind immer so, wie sie sind

So banal diese Aussage auch klingt, so verzwickt ist es, sie wirklich zu verinnerlichen. Wir tun uns sehr schwer damit, es tatsächlich zu begreifen. Genauer betrachtet haben wir keine Schwierigkeit zu akzeptieren, dass die Dinge so sind, wie sie sind – *bis* zu dem Moment, wenn die Dinge nicht so sind, wie wir sie gerne hätten, wie wir sie erwartet haben oder wie sie uns versprochen wurden.

Das Wetter ist ein allgemein bekanntes Beispiel. Gleich, wie das Wetter ist: irgendjemandem gefällt es nicht. Es ist zu kalt, zu heiß, zu nass, zu trocken, zu sonnig, zu grau – das arme Wetter kann es uns nie recht machen. Immer reklamiert jemand. Der amerikanische Humorist Mark Twain hat schon im 19. Jahrhundert richtig bemerkt: »Alle sprechen vom Wetter, aber kein Mensch unternimmt diesbezüglich etwas.«

Zum Thema Wetter gibt es eine Aussage, die mir persönlich lieb ist: »Es gibt kein schlechtes Wetter, sondern nur unpassende Kleidung.«

Aber egal was man sagt oder wie man es sagt: Wir reden so unaufhörlich über das Wetter, weil wir dazu neigen, das Wetter, so wie es gerade ist, nicht akzeptieren zu wollen – es sei denn, es ist genau so, wie wir es wollen!

Ja ja, jetzt funkt Ihnen Ihr Hirn schnell dazwischen mit dem Gedanken, dass unsere banale Konversation über das Wetter nichts weiter sei als eben Konversation – eine Möglichkeit, eine Verbindung mit anderen Leuten zu knüpfen –, gewissermaßen ein Schmiermittel für das gesellschaftliche Räderwerk unseres Lebens.

Das mag einerseits so sein, aber zu welchem Zweck tun wir es immer wieder? Haben wir es noch nicht oft genug durchgekaut und verstanden? Nein, wir beharren darauf, weil wir gerne gewillt sind, uns und unsere Mitmenschen auf der Flucht vor der Tatsache, dass die Dinge so sind, wie sie sind, zu unterstützen. Irgendetwas in uns macht es schwer für uns, die Dinge einfach so hinzunehmen, wie sie sind. Schon die Tatsache, dass Ihr Hirn gleich den Einwand gegen die Bedeutung von »Über-das-Wetter-reden« gemacht hat, zeigt, wie sehr es darauf bedacht ist, sich mit dem Gedanken, wie die Dinge eigentlich sind, nicht abgeben zu müssen.

Ein anderes Beispiel: Sie kommen zu spät zum Bahnhof und verpassen Ihren Zug. Jetzt geht es los da oben im Hirn.

»Verdammt nochmal, jetzt ist er weg! Wenn mich meine Frau doch rechtzeitig geweckt hätte! Der Verkehr war so langsam, und dann dieser Blödian vor mir, der so lange gebraucht hat, um seine Fahrkarte zu kaufen! Der Zug ist manchmal auch schon später abgefahren! Weshalb musste er ausgerechnet heute so pünktlich sein?«

Alle möglichen Gedanken toben in Ihrem Hirn. Wie lange dauert es und wie viel Energie wird verbraucht, bis Sie zur unausweichlichen, eigentlich einfachen und Ruhe spendenden Erkenntnis kommen: »Ich stehe hier, und der Zug ist weg!« Eben, auch Sie wollten es nicht wahrhaben, dass die Dinge so sind, wie sie sind. Aber die Dinge sind eben doch so, und zwar zuverlässig und immer – in jedem Moment.

Wieso setzen wir uns immer wieder unproduktiv mit den Dingen, wie sie sind, auseinander, wenn sie uns nicht passen? Wir sind doch gescheite, erfahrene Leute. Bis hierhin hätte uns wohl allmählich das Licht aufgehen können, dass die Dinge doch so sind, wie sie sind – egal, ob sie uns gefallen oder wie sehr wir uns darüber ärgern, etwas anderes lieber hätten oder uns etwas anderes vormachen möchten. Und doch will uns das nicht so recht in den Kopf gehen.

Sehen Sie, die Schwierigkeit liegt darin, dass wir uns selbst ein Bein stellen, indem wir unbewusst zwei Gedankenkreise miteinander verbinden, die nicht zusammengehören. Der eine ist der Kreis der Akzeptanz, und der andere ist der Kreis des Einverständnisses, des Gernehabens, des Gefallens.

Irgendwie nehmen wir an, dass wir etwas nur dann akzeptieren können, wenn wir auch damit einverstanden sind, wenn es uns gefällt oder genehm ist. Wenn wir dann etwas erleben, das uns nicht gefällt und mit dem wir nicht einverstanden sind, schwuppdiwupp: ohne dass wir es merken, schließen wir sofort daraus, dass wir es deshalb natürlich auch nicht akzeptieren können oder wollen oder werden.

Wenn wir eine Situation oder gewisse Umstände nicht mögen, wollen wir sie nicht *akzeptieren*, weil akzeptieren uns fälschlicherweise signalisiert, dass wir sie dann billigen, mit ihnen einverstanden sein oder sie sogar mögen sollten. Aber so ist es ja nicht! Wir kommen ja gar nicht darum herum, etwas zu akzeptieren, so wie es ist! Ob es uns gefällt oder nicht, ist ein ganz anderes Kriterium.

Haben Sie nicht auch schon andere Menschen oder gar sich selbst dabei ertappt, Dinge zu sagen wie: »Nein, das kann ich nicht akzeptieren!« oder »Unmöglich, das nehme ich so nicht hin!«

Oder bei der Begegnung mit einem Bekannten, den Sie lange nicht mehr gesehen haben: »Das kann doch nicht wahr sein!« oder »Das ist doch nicht die Möglichkeit! Das bist doch nicht Du?« Dabei steht er oder sie direkt vor Ihnen – klar, unverkennbar, und Sie stehen vor der Tatsache, dass das Unerwartete (manchmal auch das Unerwünschte) gerade passiert ist oder sich manifestiert hat.

Diese geistige Verstrickung können wir elegant lösen, indem wir klar denken. Wir wollen die beiden Standpunkte – Akzeptanz und Gernehaben – deutlich voneinander trennen. Um das Akzeptieren kommen wir nicht herum. Was ist, das ist. Und so, wie es ist, ist es. Egal, was oder wie wir darüber denken oder fühlen: die Dinge sind so, wie sie sind. Immer und zuverlässig.

Diese dritte Bedingung – so banal sie auch klingen mag – ist ausschlaggebend. Und je schneller wir in der Lage sind, die Dinge so zu akzeptieren, wie sie sind, desto schneller können wir ans Ziel kommen. Was ist daran so wichtig?

Anfangs, als wir von Annahmen sprachen, haben wir festgestellt, dass Grenzen sich nur dann zeigen, wenn wir auf dem Weg zu einem Ziel sind. »Ohne Ziel gibt es keine Grenzen« war unsere Erkenntnis. Sie haben sicher schon erlebt – vielleicht so selbstverständlich, dass Sie es kaum bemerkten –, dass Sie jedes Mal, wenn Sie ein Ziel anstrebten, wissen *mussten,* wo Sie sind. Stellen Sie sich vor, Sie wollen nach Hause fahren oder nach Timbuktu: Wenn Sie nicht wissen, wo Sie jetzt stehen, können Sie keinen einzigen Meter richtig fahren. Geht es von da aus nach Norden, nach Süden, nach Osten, nach Westen? Ihr Standort ist bestimmend für die Entscheidung, welchen Weg Sie zum Ziel hin einschlagen. Zu wissen, wo man steht, ist eine Notwendigkeit – in unserem Wortschatz ein Bodenpunkt, um vorwärts zum Ziel gehen zu können.

Sicher standen Sie schon oft vor einem Stadtplan, der Ihnen den Weg weisen sollte. Was haben Sie zuerst gesucht? Das Zeichen, das Ihnen sagt: »Sie sind hier.« Ohne diesen Orientierungspunkt sind Sie verloren. Bis Sie ihn finden, hat alles andere auf dem Plan keine Bedeutung.

Genauso ist es im Leben, wenn wir ein Ziel anstreben. Wir müssen wissen, wo wir stehen. Aber das reicht noch nicht. Wir müssen es auch akzeptieren, dass wir da stehen, wo wir stehen – ob es uns passt oder nicht.

Wenn wir dagegen ankämpfen und wenn wir nicht gewillt sind, anzunehmen, dass wir eben da sind, wo wir sind, und dass die Dinge in der Tat so sind, wie sie sind, dann werden wir allerlei Schwierigkeiten haben, auf produktive und gescheite Weise vorwärts auf das Ziel zuzugehen. Der Charakter des Sich-Verfahrens beim Autofahren ist ja, dass man nicht mehr weiß, wo man ist. Erst wenn man das in Erfahrung gebracht hat, kann man intelligent weiterfahren, um ans Ziel zu kommen. Und um wirklich klar zu sehen und praktisch festzustellen, wo man ist, muss man auch akzeptieren, wo man ist.

Aber gefallen muss es uns nicht. Es steht uns zu, keine Freude daran zu haben. Und wir können diesbezüglich etwas tun.

Die Möglichkeit, etwas zu verändern, beginnt mit der Akzeptanz. Das Akzeptieren ohne Wenn und Aber, ohne Floskeln, ohne Beschönigungen ist vergleichbar mit der wegweisenden Feststellung »Sie befinden sich hier.« Erst wenn das klar und akzeptiert ist, haben weitere Schritte, die zum Ziel führen können, eine Bedeutung. Erst dann ist die Möglichkeit zur Veränderung gegeben.

Das zeigt sich auch deutlich in Beziehungen zu anderen Menschen. Man weigert sich, klar zu sehen, was eigentlich ist. Nicht nur die momentane Situation, sondern selbst die Person, die man so gut zu kennen meint, sieht man nicht klar. Man muss wahrnehmen, feststellen, und *akzeptieren,* wer da ist. An der Person »herumschrauben« zu wollen bis er oder sie endlich richtig »eingestellt« ist – so wie wir finden, dass es richtig wäre –, ist eine fast natürliche, spontane Reaktion. Aber es nützt nichts. Haben heftige, wiederholte, meist um die gleichen Themen kreisende Auseinandersetzungen uns noch nicht gelehrt, dass es klüger wäre, die Person – ohne Wunschträume und Vorurteile – so zu erkennen und zu akzeptieren, wie sie ist, damit man etwas Nützliches zum Brückenbau zwischen zwei Positionen anbieten könnte?

Das scheint sinnvoll, fällt uns aber schwer. Wir meinen und hoffen immer aufs Neue, dass unsere »Gründe«, unsere Geschichte um die Sache und unsere Vorlieben die Tatsachen ändern oder zumindest färben würden. Aber dummerweise bleiben die Dinge immer noch so, wie sie sind.

Wir können aber den Umgang damit ändern, wenn sie uns nicht passen, indem wir sie erstens akzeptieren und zweitens die folgende Frage stellen: *Gegeben, dass die Dinge so sind, wie sie sind: was will ich, dass jetzt geschehen soll?*

Spüren Sie, wie Sie mit dieser Frage in die Position des Tuns kommen? Jetzt ist Ihre Haltung schon aktiv. Auf einmal sind Sie nicht mehr passiv und nicht mehr Opfer, sondern Sie verspüren jetzt Möglichkeiten, die Dinge zu ändern. Sie sind soeben von der Ohnmacht zur Macht gelangt!

Jetzt ist das Meckern zur Seite gefegt. Mit dieser Frage haben Sie sich bereits aus der Mehrzahl der Menschen herausgehoben, die sich mit dem Nörgeln über die Dinge, die ihnen nicht passen, begnügen.

Das Meckern ist so unglaublich weit verbreitet und dennoch so irrelevant. Haben Sie sich schon gefragt, wozu wir Menschen so gerne meckern? Was haben wir davon?

Meckern ist allgemein so beliebt, weil es uns von der eigenen Verantwortung entbindet, in der Sache etwas zu unternehmen! Über etwas negativ zu sprechen, zu reklamieren – eben zu meckern – gibt uns das Gefühl, wir hätten etwas getan. Viele Sitzungen und Besprechungen spielen sich so ab. Nichts hat sich verändert, aber wir fühlen uns besser, als ob etwas geschehen wäre. Wir sind vielleicht seelisch ein wenig entlastet, aber die Dinge sind immer noch so, wie sie sind – und wie sie vor der Sitzung waren.

Wir werden hier zunehmend von Verantwortung sprechen, denn eigene Verantwortung ist eines der drei Standbeine des Lebens in *Excellence*. Hier wollen wir einfach sehen, dass wir uns zuerst Klarheit schaffen müssen über den Stand der Dinge, um etwas zu bewegen und um etwas dorthin zu leiten, wo wir es hinbringen wollen. Die Fragen »Was ist? Wo bin ich? Wie steht es genau?« gehören dazu, um die Dinge so zu sehen, wie sie sind. Akzeptanz – die uns Menschen aus Scheu vor den Konsequenzen der eigenen Verantwortung in der Sache schwer fällt – muss darauf folgen, wenn Sie etwas erreichen wollen.

Die vierte Bedingung kommt uns zu Hilfe, um kognitive Klarheit zu schaffen und auch den Willen zur Akzeptanz zu steigern.

4. Bedingung:
Gewillt sein, das Kämpfen aufzugeben

Bei dieser letzten Bedingung denken Sie vielleicht: »Ach, das ist aber schwer zu verstehen in einem Buch mit dem Untertitel *»Was passiert, wenn Sie eigene Grenzen überwinden«*. Unser Hirn geht schnell auf die Barrikaden mit der entsetzten Frage: »Wie sollen wir etwas überwinden, ohne zu kämpfen?«

Denn das Kämpfen ist in unserer Gesellschaft eine weit verbreitete, anerkannte und legitimierte Vorgehensweise, um Ziele zu erreichen. Kämpfen wird meist positiv verstanden und betrachtet. Gedanken von Mut, Stärke und Würde verbergen sich hinter diesem Begriff. Schon Schiller hat als Grundsatz gesagt: »Der Mann muss hinaus ins feindliche Leben ...!«

Von klein auf wird uns beigebracht und vorgeführt, dass wir dafür kämpfen müssen, wenn wir etwas wollen. Und je leidenschaftlicher wir etwas wollen, umso leidenschaftlicher sollten wir dafür kämpfen. Politiker haben den Wahl*kampf*, Sportler *kämpfen* um jeden Ball, Mitarbeiter *kämpfen* um eine ersehnte Position, Verehrer *kämpfen* um die Hand der Geliebten, Kinder *kämpfen* um die Aufmerksamkeit der Eltern. Überall wird gekämpft für das Gute, das Gemeinnützige, das Rechte.

Darin steckt jedoch ein begrenzendes Missverständnis. Man kann nicht *für* etwas kämpfen, obwohl man es landläufig so sagt. Kämpfen kann man immer nur *gegen* etwas. Beim Kampf gibt es stets einen Gewinner und einen Verlierer – oder beide sind kaputt. Kämpfen ist der Inbegriff eines Nullsummenspiels, eines sogenannten »Zero-sum game«. Wenn jemand etwas mehr hat, muss sein Gegner notgedrungen gleichermaßen weniger haben, sonst geht die Rechnung nicht auf.

Als Resultat dieser Sicht- und Herangehensweise gibt es nur zwei Möglichkeiten, wenn das Ziel mit Kämpfen nicht erreicht wird: Entweder kapitulieren wir und geben das Ziel auf, oder wir kämpfen noch mehr – stärker, lauter, schneller, mit anderen Mitteln usw. Aber auf jeden Fall wird *gekämpft*.

Heute, wo es weniger um Leben und Tod oder um das tägliche Brot geht, setzen wir zu den einst üblichen physischen Kampfformen andere Kampfarten ein, um zu »gewinnen«. Ein Lieblingskampfspiel unserer Gesellschaft ist das Rechthaben. Wir legen ungeheuer viel Wert darauf, recht zu haben. So absurd es auch ist: Wir sind eher gewillt, unser Ziel nicht zu erreichen, als unrecht in der Sache zu haben. Wir können es weit besser verkraften, das Ziel aufzugeben, als unsere Welt dadurch aus dem Lot geraten zu lassen, dass wir unrecht haben. Wir werden näher darauf eingehen, wenn wir im ▶Kapitel 10 das *Fortlaufende Experiment* behandeln.

Zum Rechthaben gesellen sich noch andere Kampfarten wie Überzeugen, Besser-Wissen oder Schon-Wissen. Diese Positionen haben alle eines gemeinsam, nämlich dass einer mehr oder mindestens genauso viel weiß wie sein Gegenüber.

Wir haben uns diesen Positionen enorm verschrieben. Das Rechthaben wird uns oft wichtiger, als das Ziel zu erreichen oder es mit anderen Menschen schön und harmonisch zu haben. Durch Überzeugen wollen wir jemanden verbiegen, weil wir recht haben und er oder sie nicht. Überzeugen setzt den anderen ins Unrecht. Wie freundlich! Sowohl das Besser-Wissen als auch das Schon-Wissen sind uninteressante Haltungen dem Gesprächspartner gegenüber, ebenso wie dem Leben gegenüber. Sie stehen immer im Wege und machen es uns unmöglich, etwas Neues zu entdecken. Aber wir lieben es, an diesen Positionen festzuhalten und dafür zu kämpfen.

Wir könnten etwas viel Gescheiteres tun: Anstatt Kraft gegen Kraft zu ballen, könnten wir unsere Kraft, unser ganzes Wollen verbinden mit dem, was schon ist, mit dem, was schon gesagt worden ist, und beides vereint dazu benutzen, um an unser Ziel zu kommen. Wir könnten das Kämpfen aufgeben, aber an dessen Stelle nicht etwa nichts tun, sondern es ersetzen durch das leidenschaftliche Verfolgen *eines brennenden Zieles.*

Noch einmal:

Das leidenschaftliche Verfolgen eines brennenden Zieles.

Das ist doch das, was wir wollen, wenn wir davon sprechen, *für* etwas zu kämpfen. Das Ziel ist uns klar, es brennt, wir sehnen uns danach, und wir tun mit größter Hingabe alles, was wir wissen und können, um es zu erreichen.

Um unsere vorherigen Beispiele zu gebrauchen: Der Politiker, der seine ganze Wachheit und all seine verfügbaren Mittel einsetzt, um gewählt zu werden, der Sportler, der sich mit seiner letzten Kraft auf den Ball wirft, der Liebhaber, der jede Hecke hochklettert und keine Kosten und Mühen scheut, um nur mit seiner Geliebten zusammen zu sein – sie alle verfolgen mit Leidenschaft ein brennendes Ziel. Sie verausgaben sich nicht *gegen* etwas, sondern sie geben sich *für* etwas hin.

Das alles ist nicht Kampf – egal, wie uneinsichtige Leute es nennen wollen. Im Gegenteil, mit Kampf würden sie kaum ans Ziel kommen. Denn gegen etwas zu kämpfen verbraucht unnötig Energie.

Wenn wir mit Leidenschaft ein brennendes Ziel verfolgen, werden wir automatisch zur Einladung für andere. Sie wollen mitmachen. Die Erregung zieht sie an.

Statt den anderen durch Kämpfen ins Unrecht zu setzen und womöglich sogar bloßzustellen, entfachen wir seine Leidenschaft. Wir laden ihn ein, die Erregung zu teilen, seine eigene Erregung zu verfolgen. (Die Welt ist groß; es gibt Platz genug für alle – für die, die unserer Einladung folgen wollen und für die, die es nicht wollen.)

Ist das nicht, was ein guter Verkäufer tut? Ein guter Verkäufer setzt den Kunden nie ins Unrecht, sondern er lädt ihn ein, die Erregung des Verkäufers über sein Produkt zu teilen. Heißt es: »Der Kunde hat immer recht«, weil der Kunde tatsächlich immer recht hat? Sicher nicht. Oft sucht der Kunde fehlende Informationen oder hat sogar eine falsche Information, die der Verkäufer zuerst korrigieren muss, um das, was er zu bieten hat, zu verkaufen. Aber der erfolgreiche Verkäufer kämpft doch nicht gegen den Kunden. Er argumentiert doch nicht und er betreibt keine Rechthaberei, sondern er lädt ihn immer wieder ein, die Dinge so anzuschauen, dass am Schluss gekauft wird. Eben durch die leidenschaftliche Verfolgung eines brennenden Zieles.

Einladen heißt, die Vision ansprechen. Aus Vision zu leben ist vergleichbar mit dem Verliebtsein. Brennende Ziele kommen aus Vision; sie beinhalten den Charakter von Verliebtsein. Und es ist einfach, Leute dazu einzuladen. Wir wissen generell, was wir wollen. Auch, wenn wir es noch nicht definitiv geklärt haben: Sobald es angesprochen wird, erkennen wir es.

So könnte das ganze Leben sein – aus Leidenschaft.

Schauen Sie zu, ausschließlich Ziele zu verfolgen, die aus Vision kommen, denn nur sie enthalten und entfachen diese Leidenschaft. Andere Ziele sind es nicht wert.

Es kommt uns nicht in den Sinn, Männern oder Frauen, die uns nicht interessieren, nachzulaufen. Aber im Leben tun wir das oft: Wir verfolgen Ziele, die uns nicht wirklich interessieren. Wir verfolgen sogenannte »gute Ideen«, Ziele, die Sinn machen, vernünftige Ziele, realistische Ziele usw. Aber sind das Ziele, die wir als aufregend empfinden? Nein! Welch ein Verlust!

Das wollen wir in Zukunft ändern. Nehmen Sie sich vor, nie mehr etwas zu tun, das Sie nicht wirklich tun wollen. Das Leben ist dafür zu kurz – und auch viel zu lang!

Nun, Sie wollten wissen, wie man Grenzen überwindet, nicht wahr? Jetzt wissen Sie es! Beachten und erfüllen Sie diese vier Bedingungen. Halten Sie sie ein, und Sie schaffen es.

Ich könnte jetzt mit dem Schreiben aufhören und Sie mit dem Lesen. Die Theorie ist erklärt. Wir könnten uns mit den besten Wünschen verabschieden – theoretisch. Denn Sie kennen jetzt die Bedingungen, um im Leben sein, tun und haben zu können, was Sie wollen. Und das heißt, Sie wissen damit auch, wie Sie auf dem Weg dorthin Ihre Grenzen überwinden.

Doch es geht mir darum, dass Sie am Ende wissen, was Sie *tun* können – nicht nur, was Sie darüber wissen. Und dazu braucht es noch einige nützliche Informationen.

Kommen Sie! Wir machen weiter.

Kapitel 2
Hilfsmittel – oder Geschenke des Lebens

Das Leben meint es gut mit uns. Es bietet uns verschiedene Hilfsmittel – eigentlich echte Geschenke – an, die es uns einfacher machen, unsere Grenzen zu überwinden, damit wir sein, tun und haben können, was wir wollen. Wir betrachten sie nun in diesem Kapitel und fangen an mit einer Fähigkeit, die Sie zwar besitzen, aber oft außer Acht lassen.

Es ist Ihnen sicher aufgefallen, dass es unerlässlich ist, kreativ sein zu können, um Grenzen zu überwinden. Alles, was ohne Kreativität erledigt werden kann, stellt für uns keine Grenze dar und stellt uns kein Hindernis in den Weg.

Wenn es aber ums Überwinden von Grenzen geht, so sprechen wir schnell – und meist in Plattitüden – von der Notwendigkeit der Kreativität. Jetzt sollen wir auf einmal »outside the box« denken können. Wie die »box« aber aussieht und wie man eigentlich herauskommt, wird nie diskutiert oder klar beschrieben. Wir versuchen eifrig, »outside the box« zu denken, ohne klar zu wissen, was das überhaupt bedeutet.

Vielleicht haben Sie sich irgendwo, irgendwann in Ihrem Leben sagen lassen (oder – oh, wie traurig! – sich selbst gesagt), Sie seien nicht kreativ. Das ist eine sehr unnütze und beschränkende Annahme für unsere Arbeit hier und für Ihr Leben überhaupt, denn dieser Gedanke erschafft unsichtbare Grenzen, über die Sie immer wieder stolpern. Aber diese Annahme können wir ersetzen.

Also, wie wird man kreativ? Wo holt man die Kreativität her? Wie tut man kreative Dinge?

Haben Sie es sich schon bewusst gemacht, dass die Vorstellungskraft einen wesentlichen Bestandteil der Kreativität bildet?

Und dazu schenkt uns das Leben die erste, große Gabe.

Die Vorstellungskraft

Eine Fähigkeit, die wir haben, die uns einfach mitgegeben wurde, ohne dass wir sie uns zuerst verdienen mussten, ist die Vorstellungskraft. Wir können uns Dinge, die physisch nicht da sind, und Zustände, die nicht real sind, vorstellen.

Das klingt vielleicht banal, aber überlegen Sie, was das bedeutet. Das heißt, wir sind nicht gefangen in dem, was ist, oder in dem, was gerade vor uns liegt. Wir sind in der Lage, Gedanken zu »machen«, Gedanken zu kreieren über Dinge, die im Moment nicht existieren – zumindest nicht vor unseren Augen.

Schließen Sie bitte die Augen und stellen Sie sich Ihr Zuhause vor. Gehen Sie in Gedanken in Ihr Wohnzimmer. Mit geschlossenen Augen können Sie das vertraute Zimmer klar sehen. Sie können sich auch umschauen und das Zimmer aus verschiedenen Blickwinkeln betrachten.

Mehr noch: Wenn Sie sich konzentrieren, können Sie auch Ihre verschiedenen Möbel betasten und die Gewebe oder Maserungen erkennen. Sie können das Ticken der Wanduhr hören, oder das Bellen Ihres Hundes. Ihre innere Nase kann vertraute Gerüche erkennen, obwohl das für manche Menschen nicht so einfach wahrzunehmen ist wie andere Sinneseindrücke.

Öffnen Sie jetzt die Augen. Sie werden vielleicht eine Sekunde lang erstaunt sein, dass Sie gerade anderswo sind als zu Hause. Ist es nicht außergewöhnlich, wozu Sie fähig sind?

Diese Fähigkeit ist bei manchen Leuten mehr, bei anderen weniger ausgeprägt, aber sie wurde uns allen mühe- und kostenlos mitgegeben. Die Fähigkeit, sich Dinge vorzustellen, die nicht – oder noch nicht – da sind, wird zum Bodenpunkt zur Überwindung bestimmter Grenzen und zur Erreichung gewisser Ziele. Und die haben wir.

Weitere Gegebenheiten, die uns unterstützen:

Der Banketttisch

Im Leben ist alles vorhanden; es fehlt nichts. Wie ein riesiger Banketttisch, auf dem *alles* zu finden ist, offeriert uns das Leben ständig alles, was es zu bieten hat. Es hält nichts zurück. Alles ist da, und das gilt für alle.

Ja natürlich, nicht jeder steht am gleichermaßen günstigen Ort in Bezug auf das, was er will, aber es ist irgendwo auf dem Tisch. Manche stehen gleich in der Nähe von dem, was sie wollen. Manche geben sich ohne weitere Gedanken zufrieden mit dem, was gerade vor ihnen liegt. Andere suchen etwas Exotisches, etwas von ihrer momentanen Position weiter entfernt Liegendes. Jeder muss tun, was er tun muss, um das Seine zu bekommen oder zu erreichen – aber vorhanden ist es.

Wir schauen den Tisch an und rufen gleich: »Ungerecht! Manche haben es so einfach, und andere haben es so schwer, das zu bekommen, was sie wollen.« Dies ist eine naheliegende Feststellung – allerdings ein Missverständnis, denn es geht hier nicht um oberflächliche Annahmen von fair oder unfair, sondern darum, dass alles da ist für alle, was schlussendlich fair ist.

Unsere Tendenz, anderen das Recht oder die Möglichkeit zur Erreichung der Ziele und Wünsche, die wir für uns haben, zuzuschreiben und daraus zu schließen, dass andere deshalb mehr oder weniger Schwierigkeiten haben, ein erfülltes Leben zu genießen, ist nur eine unüberprüfte, teilweise anmaßende Annahme unserseits (Erinnern Sie sich: Ein Ziel kann nur dann nicht erreicht werden, wenn ein Bodenpunkt permanent fehlt. Und das kommt bei den Zielen, die sich ein Mensch ehrlich setzt, kaum je vor!).

Auf alle Fälle: Das Leben offeriert alles. Die große Einschränkung zeigt sich erst, wenn uns das nicht bewusst ist. Umgekehrt: Wenn wir keine leidenschaftlichen Wünsche haben, sieht die Welt aus, als wäre nichts Interessantes vorhanden. Lust muss man haben, um Möglichkeiten zu sehen.

Es ist einfacher, vom Bankettisch zu sprechen, als wirklich daran zu glauben und zu erkennen, dass es ihn gibt. Prüfen Sie bei sich, ob Sie tatsächlich anerkennen können, dass alles allen zur Verfügung steht.

Wir tendieren dazu, Not und Mangel als fixe Erscheinungen zu sehen und die Leute, die betroffen sind, einfach zu bedauern. Es braucht etwas, diesem Klarheitsmangel ins Auge zu schauen und ihn zu beheben, denn der Gedanke an beschränkte Möglichkeiten bringt eine Verminderung des Gefühls der menschlichen Verantwortung mit sich. Wenn etwas nicht vorhanden ist – zumindest für mich nicht vorhanden ist –, dann betrachte ich mich als meiner Verantwortung in der Sache entbunden.

Wir sind schnell dazu geneigt, Verantwortung loszuwerden. Was uns dabei leider entgeht, ist, dass das ein Kuhhandel ist, denn jeder Entzug menschlicher Verantwortung mündet im Verlust menschlicher Freiheit. Wir werden auf die Beziehung zwischen Freiheit und Verantwortung im ▶Kapitel 3 und im ▶Kapitel 11 intensiver eingehen, doch ist es schon jetzt wichtig, sich Gedanken darüber zu machen.

Das Streben nach dem Außerordentlichen ist in uns verwurzelt. Wir sind so zur Welt gekommen. Unsere angelernte Scheu vor der Verantwortung jedoch verleitet uns dazu, uns selbst weniger zuzutrauen. Wie Kinder, die sich weigern, zu lernen, ihre eigenen Schuhe zu binden, weil sie ahnen, dass sie fortan selber für ihre gebundenen Schuhe verantwortlich sein werden, stellen wir keine sehr hohen Ansprüche an uns, wenn wir am Bankett-tisch des Lebens stehen.

Und gleichwohl ist alles vorhanden.

Das Leben ist neutral.

Mit »neutral« meinen wir wert*frei*, nicht wert*los*. Das will heißen, dass nichts *a priori* einen bestimmten Wert hat, sondern die Dinge bekommen ihren Wert durch uns. *Wir* geben ihnen die Werte, *wir* stufen die Dinge ein.

Wenn die Dinge im Leben einen bestimmten Wert hätten, müsste dieser durchgehend, gleichbleibend und anhaltend sein. Der Wert der Sache müsste für alle gleich sein. Und wir wissen, dass das nicht so ist. »Was dem einen sin Uhl, ist dem anderen sin Nachtigall«.

»Ah, Geschmacksache«, meinen Sie gleich? Ja, vielleicht fängt es dort an, aber es bedeutet weit mehr. Da es tatsächlich an uns liegt, den Dingen und Ereignissen ihren Wert zu geben, haben wir die unglaubliche Macht, unserem Leben, unserer Umwelt, unserem Tun und Nicht-Tun die Bedeutung zu geben, die uns erfüllt.

So wird das Leben zur Malerleinwand: Alles, was darauf ist, bekommt seine Farbe, seine Intensität, seine Tiefe, seine Schatten, seinen Glanz, und seine Perspektive durch uns.

Das Leben ist immer mit uns einverstanden.

Das Leben kämpft nicht gegen uns. Niemals! So, wie wir sagen, dass die Welt sei, antwortet das Leben: »Ja, du hast recht. So ist es.« Sagen wir zum Beispiel: »Ach, heute ist ein langweiliger Tag.«, sagt das Leben: »Ja, du hast recht, heute ist ein langweiliger Tag.« Und dann liefert uns das Leben als Beweis dafür ein langweiliges Erlebnis nach dem anderen. Wir können dann nur hoffen, dass es morgen besser wird!

Wenn wir meinen, dass die Menschen jeden Tag dümmer werden, sagt uns das Leben: »Ja, stimmt. Hier kommt noch ein Dummer!«

Wachen wir aber am Morgen auf und sagen uns: »Oh, wie herrlich, ein neuer Tag! Mal sehen, was heute Aufregendes geschieht!«, begegnen uns auf einmal alle möglichen interessanten Dinge. Das Leben sagt dann: »Oh ja, du hast recht. Schau dir dieses interessante Ding an und, oh ja, noch dieses und jenes«, usw.

So gesehen ist das Leben eine selbsterfüllende Prophezeiung. Die Annahmen, die wir machen, sind ausschlaggebend. Sie bestimmen die Qualität unseres Lebens. Eine ungeheure Macht verbirgt sich in den Annahmen, die wir über uns und die Welt machen. So, wie wir uns vorstellen, dass etwas sei, so ist es im großen Ganzen auch.

Wenn wir diese vier Punkte erkennen, sehen wir, wie glücklich und erbaulich es für uns ist, dass wir solche Hilfestellungen im Rücken haben, auf die wir uns stützen können, wenn wir uns auf den Weg machen, um Grenzen zu überwinden und außerordentliche Ziele zu erreichen! Wir müssen diese Geschenke des Lebens nur wahrnehmen und umfassen, um ihre Hilfe in unserem Leben zu spüren.

Kapitel 3
Darf ich das? – Das existenzielle Recht

Wenn wir an die Möglichkeit denken, dass wir sein, tun und haben können, was wir wollen, und dass – wie wir im letzten Kapitel gesehen haben – das Leben nichts dagegen hat, regt sich meistens die Frage in uns: »Ja, wirklich? Darf ich das wirklich? Steht mir das zu?«

Kurz gesagt: »Habe ich das existenzielle Recht, glücklich zu sein?«

Überlegen Sie es sich. Die Antwort ist ausschlaggebend und nicht für jeden selbstverständlich.

Sofort greifen wir nach Rechtfertigungen: »Ja, vielleicht, wenn wir es uns verdient haben, dürfen wir glücklich sein.«

Aber wie tut man das? Wie verdient man sich das Recht aufs Glücklichsein? Was müssen wir tun? Auf welche Art? Wie viel? Wann wissen wir, ob unser Tun reicht, damit wir jetzt glücklich sein dürfen?

Quälen Sie sich nicht weiter. Dies sind alles Fragen, auf die es keine Antwort gibt. Jedenfalls keine, die wir wahrnehmen können.

Das Fazit ist, dass wir uns dieses Recht nicht verdienen können. Wir haben es einfach.

Mit unserer Geburt bekommen wir zwei Rechte:

Das Recht auf Leben – Wir werden nicht gefragt; wir bekommen das Leben als Geschenk. Aber von dem Moment an gehört uns dieses Geschenk. Selbst wenn man uns das Leben nehmen sollte: das Recht darauf gehört uns doch.

Das Recht auf Glücklichsein – Zum Leben gehört die Erlaubnis und die Möglichkeit glücklich zu sein; also haben wir das Recht auf das Streben nach Glück – so wie es in der amerikanischen Unabhängigkeitserklärung (1776) sogar rechtlich festgehalten ist.

Dies sind also keine Rechte, die man sich erwerben oder verdienen kann. Wir haben sie einfach.

Das heißt, Ihr Leben basiert nicht auf einem »Weil«, sondern auf einer Wahl. Ob bewusst oder nicht, Sie selbst wählen die Qualität Ihres Lebens durch die Entscheidungen, die Sie treffen. Ihr Leben ist immer eine Wahl, immer eine Entscheidung – was hier, kurz bemerkt, unmittelbar und ganz natürlich mit Mut zu tun hat.

Zusammengefasst sehen wir jetzt, was das alles bedeutet:

Wenn wir das Recht auf Leben mit dem Leben selbst geschenkt bekommen, und wenn zum Leben das Recht auf das Verfolgen des Glücklichseins gehört, dann steht es uns frei und ist es uns auch überlassen, das Glück zu verfolgen – oder es eben nicht zu tun. Doch das Recht, das Glücklichsein zu verfolgen (und damit glücklich zu sein) ist gegeben.

Dieses Recht, das Glücklichsein zu verfolgen, ist ein untrennbarer Teil unserer existenziellen Rechte und somit nicht nur unser persönliches Recht, sondern *per se* ein Menschenrecht.

Es ist so. Wir dürfen, Sie dürfen, alle dürfen sein und tun und haben, was wir wollen.

Halten Sie hier beim Lesen einen Moment inne. Nehmen Sie sich die Zeit, um sich bewusst zu werden, dass Sie jetzt mit aller Klarheit sehen, dass Sie sein und tun und haben dürfen, was Sie wollen.

Eine hervorragende Erkenntnis und der Grundstein für Ihre weitere Arbeit, Grenzen zu überwinden.

* * *

Sie stehen jetzt an einem Wendepunkt des Lebens, denn hiermit begegnen Sie bewusst – vielleicht zum ersten Mal – der Partnerschaft von Freiheit und Verantwortung. Frei sind Sie, Ihr Glücklichsein zu verfolgen – Sie dürfen sein, tun und haben, was Sie wollen – doch gleichzeitig sind Sie alleine und voll dafür verantwortlich, das Nötige zu tun, damit es dazu kommt.

Wichtig ist es hier zu bemerken – und wir werden es immer wieder sehen und besprechen –, dass Freiheit und Verantwortung ein unzertrennliches Paar sind. Um frei zu sein, müssen Sie »nur« die volle Verantwortung übernehmen. Und wenn Sie Verantwortung bekommen oder übernehmen, dann müssen Sie auch die Freiheit haben, das zu entscheiden und zu tun, wofür Sie verantwortlich sind. Die beiden treten immer zusammen auf, nie einzeln – was viele Menschen missachten oder nicht merken, und was dann so manche Enttäuschungen und Versagen zur Folge hat.

Wir werden im ▶Kapitel 11 eingehend über Freiheit und Verantwortung sprechen. Ich möchte jedoch hier, wenn schon die Rede davon ist, dazu anmerken, dass im Sinne von Vision noch ein drittes Standbein zu diesem Paar gehört: die Ethik.

Um auf Dauer positiv und allseits erfolgreich zu leben, muss jede Organisation – angefangen beim einzelnen Menschen, über die Familie bis hin zu einem Unternehmen und weiter bis zur Regierung und schließlich die ganze Menschheit – sein oder ihr Leben auf diesen drei Standbeinen aufbauen: Freiheit, Verantwortung und Ethik. Wenn eines davon bricht, so brechen die anderen nacheinander auch, und über kurz oder lang fällt das Ganze zusammen.

Sie sehen das unter anderem in der Politik, in der Wirtschaft und in den zwischenmenschlichen Beziehungen. Sie müssen nur an Unternehmen oder an Systeme denken, die gescheitert sind, wie zum Beispiel der Kommunismus. Nimmt man den Menschen ihre Freiheit, so nimmt man ihnen auch ihre Verantwortung. Unter solchen Umständen schwindet dann auch die Ethik dahin, und schwupps, fällt das Ganze in sich zusammen.

Gegeben, dass Vision immer etwas Positives ist, das etwas Positives in die Welt setzen will, versteht es sich von alleine, dass sich Ethik zu Freiheit und Verantwortung gesellen muss – sonst wäre es nicht positiv.

Was verstehen wir eigentlich unter Ethik? Zu diesem Thema gibt es ganze Abteilungen von Büchern. Doch hier halten wir es einfach. Wir beziehen uns auf die Grundlage jeder Ethik, ausgedrückt im alttestamentarischen Spruch »Liebe Deinen nächsten, wie Dich selbst«. Daraus abgeleitet lautet die sogenannte goldene Regel: »Was Du nicht willst, dass man Dir tu', das füg' auch keinem anderen zu.« Entsprechend ist auch Kants *Kategorischer Imperativ* zu verstehen: »Handle nur nach derjenigen Maxime, durch die du zugleich wollen kannst, dass sie ein allgemeines Gesetz werde.« Er ist grundlegendes Prinzip der Ethik. Er fordert von allen mit Vernunft ausgestatteten Wesen – und damit von allen Menschen –, ihre Handlungen darauf zu prüfen, ob sie einer für alle, jederzeit und ohne Ausnahme geltenden Maxime folgen und ob dabei das Recht aller betroffenen Menschen – auch als Selbstzweck, also nicht als bloßes Mittel zu einem anderen Zweck behandelt zu werden – berücksichtigt wird.

Ein erwachsener, geistig intakter Mensch will nur Gutes und Positives erleben oder erfahren, und das wiederum auch seinen Mitmenschen bieten. Das schließt ganz natürlich das Böse, das Negative, das Unethische aus. Der, der aus Vision lebt, sieht dies mit ganzer Klarheit und hat es einfacher, das zu tun.

Ein Mensch, der Negatives, Böses tut, ist eine menschliche »Entgleisung« und hat sich von seiner Vision getrennt. Er verfolgt etwas, das nicht aus Vision kommt.

Kapitel 4
Vision

Schon im ersten Kapitel haben wir bei den ersten der vier Bedingungen damit begonnen, uns mit dem Begriff Vision zu befassen. Und das zu Recht, denn Vision ist wohl der Kernbegriff, der springende Punkt, aus dem alles fließt, das uns die Lust und die Kraft gibt, Grenzen zu überwinden und ein erfülltes Leben zu leben.

Stellen Sie es sich so vor: Vision ist die Lichtquelle unseres Lebens. Sie ist die Quelle des Stroms, in dem wir gelassen dahingleiten können, wenn alles mühelos fließt.

Vision ist am einfachsten bei kleinen Kindern zu beobachten oder zu erkennen. Ein kleines Kind tut immer ganz einfach, was es will. Es lebt seine Vision pur. Es kann sich noch an nichts anderem ausrichten als an dem, was es mitgebracht hat. Ohne Bewusstsein, ohne es sich überlegen zu müssen – es geschieht ganz natürlich mit einer geballten Erregung, einer selbstverständlichen Gelassenheit.

Und wie lange tut das Kind, was es will? So lange, wie es das tun will, so lange es dazu Lust hat. Und dann wendet es sich dem Nächsten zu, das es tun will. Alleine gelassen, wird das gesunde Kind einfach das Nächste und das Nächste tun, das ihm Spaß macht, bis es schließlich nicht mehr kann und ganz natürlich darüber einschläft. Haben Sie nicht schon mal ein Kind neben seinen Holzklötzen am Boden schlafen sehen? Es hat so lange gebaut, mit Lust und Hingabe, bis es nicht mehr konnte. Oder noch lustiger: Ein kleines Geschöpf, das zwischen zwei Löffeln seines Breis einschläft?

Ja, wenn das Kind physisch und emotional gut umsorgt ist, lebt es einfach in den Tag hinein, indem es immer wieder Dinge tut, die aus seiner Vision kommen. Und es geht ihm dabei bestens; es hat ein herrliches Leben.

Dann gehts los mit der Erziehung.

Nichts gegen Erziehung, wohlgemerkt! Erziehung ist eine Notwendigkeit, wenn das Kind sich später als Erwachsener in der Gesellschaft zurechtfinden soll. Erziehung ist die große und unerlässliche Verantwortung und Pflicht aller Eltern. Gut gemacht, ist sie auch der größte Liebesdienst, den wir unseren Kindern leisten können.

Es gibt jedoch grundlegend zweierlei Arten von Erziehung.

Herkömmlicherweise bringen Eltern ihren Kindern bei, etwas zu unterlassen, indem sie ihr Kind dazu bewegen, das Unerwünschte nicht nur nicht mehr zu tun, sondern es nicht mehr tun zu *wollen*. Man erklärt – meistens erfolgreich, weil die Eltern so groß, so lieb, und so göttlich sind –, dass es besser wäre, etwas anderes zu wollen als das, was das Kind will. Dies geschieht fast immer mit den besten Absichten.

Doch was hier ganz leise vor sich geht, ist, dass das Kind dahin gelenkt wird – im besten Fall ermuntert und im schlimmsten Fall befohlen –, etwas Eigenes, etwas das aus seiner Vision kommt, als negativ belastet zu empfinden, um es abzulegen oder zu vermeiden. So gehen die ihm gerade vorgegebenen Regeln auf Kosten seiner Vision. So entfernt man das Kind Schritt für Schritt von seiner Vision, die stattdessen zunehmend mit Verhaltensregeln zugeschüttet wird.

Viel besser wäre es doch, dem Kind das Recht zu lassen, tun zu wollen, was es will, und ihm nur das eigentliche *Tun* zu untersagen. Das heißt, das Kind darf Lust darauf haben, es darf wollen, was es will. Es darf es nur nicht tun – jedenfalls nicht gerade jetzt. Damit wird dem Kind die Verhaltensregel vorgegeben, aber sie wird *neben* die Vision gelegt und nicht *auf* die Vision. Dadurch bleibt die Vision des Kindes aktiv und sprühend.

Vielen Eltern fällt es schwer, etwas nicht zu erlauben oder gar zu verbieten, wenn sie zugeben müssen, dass es doch lustig oder fein wäre, es zu tun. Es fällt ihnen leichter, wenn es »keinen Sinn hat«, »nicht richtig« ist, oder »sich nicht gehört«, das Erwünschte zu tun. Dann können Eltern beim Nein-Sagen in der wohlwollenden Elternrolle bleiben, denn man meint es ja nur gut mit den Kindern. Sie müssen somit auch keine Verantwortung für das Nein-Sagen übernehmen, denn die Verantwortung wird auf »es« abgeschoben, das man nicht tun soll oder darf.

In der Tat: Die allermeisten Eltern meinen es nur gut und lieb. Aber hier besteht ein wesentliches Missverständnis darüber, was es bedeutet, »lieb« zu sein. Man erzieht das Kind ja – das ist also positiv. Man verschüttet dem Kind aber ein Stück weit seine Vision – das ist negativ.

Weit besser ist es, das Nützliche mit dem Angenehmen zu verbinden, indem man dem Kind etwa Folgendes erklärt: »Ja, Schätzchen, ich verstehe so gut, dass du das gerne machen würdest. Es wäre doch so fein, jetzt durch die dreckige Pfütze zu trampeln und links und rechts das Wasser spritzen zu sehen. Das wäre doch herrlich, wenn alles nass und kühl wird und wir uns gar keine Gedanken machen müssten, was das für Flecken geben wird.«

Genießen Sie kurz diesen Moment mit Ihrem Kind. Sie waren doch auch einmal ein Kind, das einfach tun wollte, was es tun wollte.

Erst danach kommt: »Aber weißt du, jetzt haben wir keine Zeit dazu, (oder nicht das nützliche Schuhwerk dazu, oder wir wollen Nachbars Garten nicht verschandeln, oder was immer Sie dabei stört, es zu tun). Ein anderes Mal können wir das gut arrangieren, damit es passt.« Natürlich, wenn es etwas ist, das nie passt, wie zum Beispiel jemandem weh tun (ein Wunsch, den Sie sicher auch schon einmal gehabt haben), werden Sie andere Erklärungen dafür finden, wie wir uns verhalten wollen, welche Werte wir vertreten wollen, was so etwas bedeutet, etc.

Es geht also nicht um ein »Laisser faire« sondern um ein »Laisser vouloir« – nicht um ein »Machen lassen« sondern um ein »Wollen lassen«.

Dadurch bringen Sie den Wunsch nicht um. Den lassen Sie so stehen. Aber Sie sagen Nein, weil Sie als Eltern das Recht haben – mehr noch, weil Sie die Verantwortung haben – das Kind zu erziehen. Das Kind mag jammern, weinen, je nach Alter motzen, aber im Grunde genommen ist es froh und erlöst, wenn Sie ihm den Weg weisen, denn es ahnt, dass Sie im Moment bessere Werkzeuge als es besitzen, um mit dem Leben fertig zu werden. Es wird Ihnen dankbar sein. Wenn nicht gleich, dann sicher später.

Das Kind – so geführt – wird Ihnen dankbar sein, weil es gelernt haben wird, zu wollen und sein Wollen zu beherrschen. Unterstützen Sie alles, was aus Vision kommt. Halten Sie Ausschau nach dem, was Ihrem Kind immer wieder Freude macht, und als erfahrener und erziehender Mentor Ihres Kindes leiten Sie diese Dinge für später durch Spiel, Unterricht, oder Diskussion in nützliche Bahnen.

Denn schlussendlich hat Vision immer etwas mit Erregung zu tun. Vision ist das Höchste, das Sie im Leben haben. Sie definiert alles, was Sie im Leben sein, tun und haben wollen. Vision ist wertgebend und wegweisend. Sie steht über allem, was wir von Herzen tun.

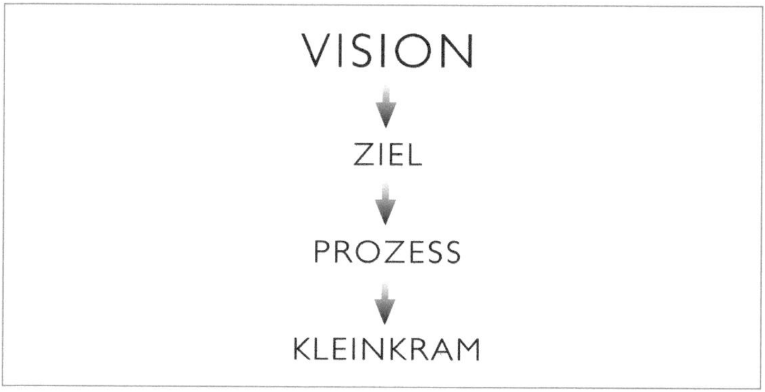

Figur 1

Das Erreichen des Zieles ist nicht der ultimative Zweck der Handlung aus Vision. Das Erreichen des Zieles ist nichts anderes als Mittel zum Zweck, um das »Aaah«-Gefühl der Vision zu erleben, wonach sich der Mensch sehnt. Das Erreichen des Zieles erlaubt uns, das Erlebnis der Vision zu empfinden. Die Erfüllung des Lebens liegt nicht in der Erreichung unseres Zieles *per se*, sondern im Erlebnis der Vision, wovon das Ziel ein konkreter Ausdruck ist. Es ist nicht die Sache selbst, sondern es ist das Erlebnis der Sache, wonach wir hungern.

Wenn Sie ein Ziel aus Vision wählen, dann führen Sie Prozesse durch und geben sich mit dem nötigen Kleinkram ab (wie in ▶Figur 1 dargestellt), bis das Ziel erreicht ist. Wenn Sie zum Beispiel in den Urlaub fahren wollen, so wählen Sie einen Zielort. Sie machen die entsprechenden Arrangements und fahren dorthin. Dabei vergessen Sie nicht, Benzin in den Wagen zu tanken, denn Kleinkram muss erledigt werden!

Was dem ganzen Ablauf von Ziel, Prozess und Kleinkram seinen Reiz verleiht, ist das schließliche Erlebnis der Vision, wenn Sie angekommen sind und sich visionsgemäß freuen. Es ist immer das »Aaah«, das die Mühe wert macht. Das »Aaah« lädt unsere Batterien wieder auf für das Nächste, das wir tun wollen.

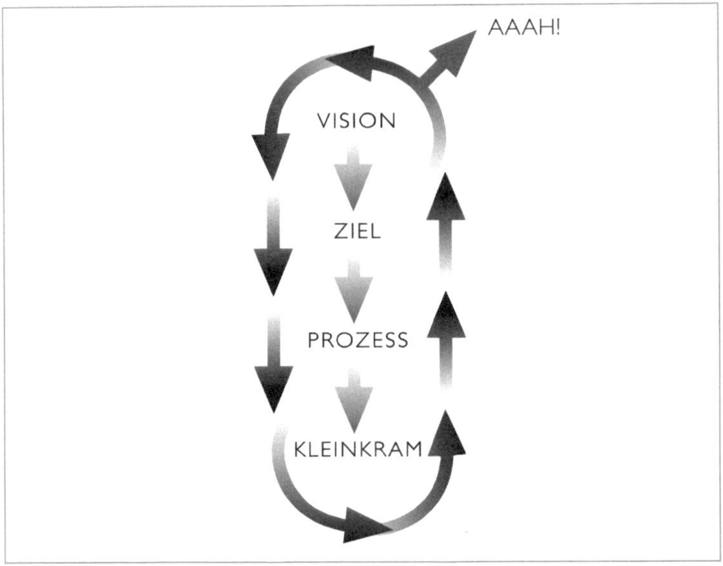

Figur 2

So gesehen funktioniert Vision quasi als Autobatterie unseres Lebens: Sie gibt Energie ab, um auf das gewünschte Ziel hinzuarbeiten und wird durch das Erreichen des Zieles wieder aufgeladen.

Denken Sie an Ihre Arbeit, an Ihre Hobbys. Alles, was Sie tun – wenn es aus Vision kommt – ist nur wegen dem »Aaah«. Ansonsten ist alles banal.

Denken Sie zum Beispiel an Bowling. Erwachsene, intelligente Menschen werfen einen schweren Ball gegen unschuldige Holzklötze, um zu sehen, wie viele davon umfallen?! Toll, so was!? Und wenn sie es festgestellt haben, stellen sie sie wieder auf und machen es noch mal.

Ähnlich ist es beim Golfspielen. Nur haben die Menschen dort noch einen langen Stock, womit sie auf den Ball hauen können, damit dieser ins Loch rollt. Und jetzt liegt ein Ball in einem Loch!? Großartig!?

Wenn es ihnen allen nur darum gehen würde, dass die Holzklötze umgeworfen am Boden liegen oder dass der Ball im Loch liegt, weshalb werfen sie nicht einfach die Klötze um oder legen den Ball ins Loch? Weil das *an sich* dumm und sinnlos ist.

NUR wegen dem »Aaah«, das sich danach einstellt, spielen sie. Ansonsten ist es banal, wie auch jeder andere Sport, jede Kunst, jedes Hobby.

Sex ist ein Paradebeispiel. Außer, wenn es zum Zwecke der Fortpflanzung geschieht, hat man ja am Schluss nichts davon. Sex ist ein geistiger, emotionaler und physischer Riesenaufwand, eine Hochleistung, ist ziemlich unpraktisch, und verbraucht viele Kalorien. Und doch tun wir es immer wieder. So ziemlich alle erwachsenen Menschen auf der ganzen Welt tun es! Wozu denn? Nur wegen dem »Aaah«, diesem herrlichen Gefühl, das sich daraus für uns ergibt.

Auf irgendeine Weise eine Erregung verspüren: Das ist der Charakter von Vision.

Wir sind aber nur Menschen, und es kann schnell geschehen, dass wir etwas verfolgen, das nicht aus Vision kommt.

Dann sieht es so aus:

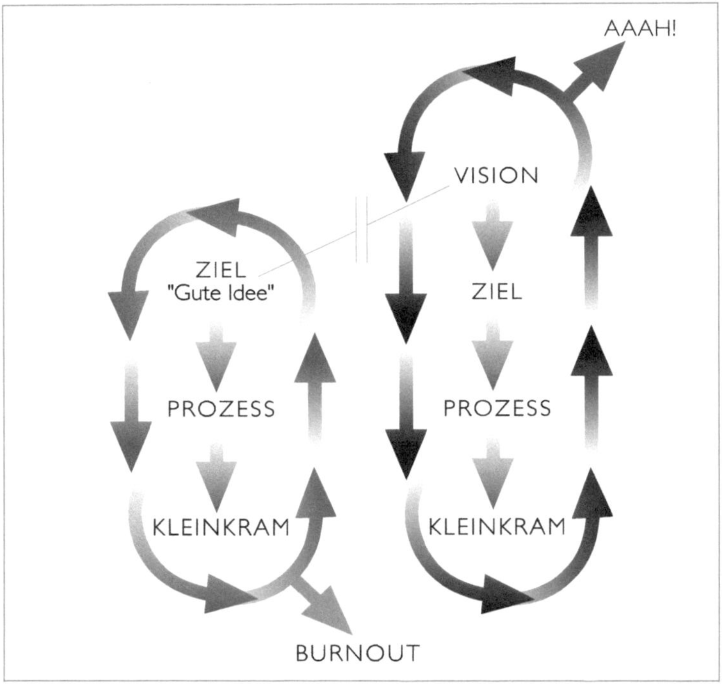

Figur 3

Wenn Sie »gute Ideen« verfolgen (links), d. h., im Grunde nicht schlechte Dinge oder Ziele anderer verfolgen, die aber nicht aus Ihrer eigener Vision kommen, dann werden Sie über kurz oder lang ein Burn out erleiden. Denn im Gegensatz zu ▶Figur 2, haben Sie in ▶Figur 3 (links) kein »Aaah«-Erlebnis, das Sie wieder mit Visionsfreude, mit Lust und Energie füllt. Sie verausgaben sich voll, haben aber keine Erfüllung.

Es ist wie bei der Autobatterie, wo die Verbindung über den Keilriemen und die Lichtmaschine intakt sein muss, damit die Batterie während des Fahrens immer wieder aufgeladen wird. Die Verbindung des Zieles zur Vision muss vorhanden sein, damit man durch sein Tun wieder Energie gewinnt.

Es kann geschehen, dass man einen Prozess, den man ungerne macht, mit einer »guten Idee« verwechselt, und man könnte dazu geneigt sein, es aufzugeben. Schaut man aber genau hin, kann man bemerken, dass das, was man als Ziel angenommen hat, eigentlich nichts anderes als ein Prozess hin zu einem Ziel aus Vision ist. Danach kann man sich neu ausrichten und den unangenehmen Prozess einfach durchlaufen, nur weil er zum Ziel führt, das uns das »Aaah« bringt und es deshalb wert ist.

Ein Leben aus Vision ist ein erfülltes, angeregtes Leben. Achten Sie darauf, dass Sie nicht in der Welt von »guten Ideen« versinken, sondern dass Sie sich einem Leben voller »Aaah«-Erlebnisse verschreiben, in dem Sie immer wieder Ziele, die aus Ihrer Vision kommen, verfolgen.

Kapitel 5
Risiko- und Sicherheitsdenken

Wenn ein Leben gemäß unserer Vision so herrlich ist, was hält uns davon ab, unsere persönlichen »Aaah«-Erlebnisse zu verfolgen? Wieso machten wir das so natürlich als Kleinkind, aber jetzt so selten?

»Ja«, sagen Sie, »die Erziehung hat uns geändert.« Und da haben Sie zum Teil recht.

Wir sind jetzt erwachsene Menschen und es steht niemand mehr neben uns, um uns zu »vernünftigen« Dingen zu leiten oder uns von »unvernünftigen« Dingen abzuhalten. Obwohl wir manchmal in der Stille den Wunsch hätten, es gäbe so jemanden, sind wir jetzt alleine und frei in unserer Entscheidung.

Weshalb tun wir denn Dinge und verfolgen Ziele, die nicht selbstverständlich aus unserer Vision kommen?

Was uns stark davon abhält, ist unser Drang nach Sicherheit, den wir alle in mehr oder weniger ausgeprägter Form haben. Das Sicherheitsdenken ist so tief in uns verwurzelt, dass wir die Erkenntnis nicht aufkommen lassen wollen, dass es Sicherheit gar nicht gibt.

Ach Nein?

Jawohl!

Sicherheit gibt es nicht. Ein geliebter Mensch in meinem Leben sagte einmal: »Weißt du, wo du Sicherheit finden kannst? Unter ›S‹ im Lexikon!«

Sicherheit gibt es nicht, denn es kann – und tut es immer wieder – jederzeit etwas Unvorhergesehenes geschehen. Wir nennen es Zufall, Pech oder Schicksal, aber es bleibt so, dass Unfälle und Missgeschicke stets am Rande unseres Tuns lauern und unseren Vorbeugungsanstrengungen nur bedingt gehorchen.

Nein, Sicherheit gibt es nicht.

Wir können uns nur ein *Gefühl* der Sicherheit schaffen, und wir streben mit allen uns zur Verfügung stehenden Mitteln danach, dieses Gefühl zu kreieren.

Risiko

In unserem Unterbewusstsein – irgendwo ganz hinten, im finsteren Teil, wo wir nicht gerne hingehen – ahnen wir, wie riskant das Leben ist. An welch dünnem Faden es hängt, wird uns mit zunehmendem Alter immer bewusster.

Wer liebt, riskiert, nicht zurückgeliebt zu werden.
Wer lebt, riskiert den Tod.
Wer hofft, riskiert Verzweiflung.
Wer versucht, riskiert zu versagen.

Dieser Auszug aus dem Gedicht eines unbekannten Autors erinnert uns daran, dass alles riskant ist.

Wenn es also keine Sicherheit gibt und folglich alles mit Risiko verbunden ist, was können wir Menschen tun? Wie sollen wir gescheit mit dieser Erkenntnis umgehen?

Zuerst wollen wir uns bewusst machen und akzeptieren, dass es nichts gibt, was wir tun oder unterlassen können, das kein Risiko in sich birgt (Bedingung Nr. 3: *Die Dinge sind so wie sie sind)*. Danach ist das Gescheiteste, das wir tun können, uns Klarheit zu schaffen, damit wir »bewusst« riskieren können. Wir möchten unbedingt sicher sein, dass wir mit uns selbst im Reinen sind und dass uns das, was wir tun wollen, die damit verbundenen Risiken wert ist.

Üblicherweise fragen sich die Leute: »Bin ich bereit, das Risiko einzugehen?« Und verständlicherweise ist man leicht dazu geneigt, »Ja« zu sagen, weil das Risiko oft klein scheint, und man sowieso *a priori* nicht annimmt, dass es ausgerechnet in unserem Fall eintreffen wird.

Von nun an wollen Sie sich aber die weit verantwortlichere Frage stellen: *»Bin ich gewillt, in Frieden damit zu leben, nachdem das Risiko eingetreten ist?«* In anderen Worten: »Wird es mir das nachher wert gewesen sein?«

Gehen Sie nur die Risiken ein, bei denen Sie willens sind, in Frieden damit zu leben, nachdem das Risiko eingetreten ist. Denn es kann ja passieren – sogar Ihnen. Und was tun Sie dann?

Wenn Sie sich vorstellen, dass Sie todunglücklich sein werden und mit dem Schicksal hadern – möglicherweise ein Leben lang – dann tun Sie es nicht. Lassen Sie es sein. Sie müssen es ja nicht tun. Es ist es Ihnen nicht wert, denn das Risiko könnte eintreten – es könnte *Ihnen* geschehen. Sie können es voraussehen, und es wäre unverantwortlich und waghalsig, es doch zu tun.

Sie wollen danach nie sagen müssen: »Das hätte ich nicht tun sollen« oder »Ich muss ja verrückt gewesen sein, so etwas zu tun!« Sie wollen nur die Risiken eingehen, bei denen Sie nach deren Eintritt vielleicht traurig oder enttäuscht sein werden, aber dennoch sagen können: »So schade, dass es geschehen ist. Aber ich wusste ja, dass es passieren kann, und ich würde mich wieder so entscheiden.«

Nur die Risiken, für die Sie willens sind, in Frieden damit zu leben, wenn das Risiko eingetreten ist, wollen Sie eingehen. Sie sind es wert, es zu riskieren. Dort bleibt Ihr Leben lebenswert, auch wenn das Schlimme passiert ist, weil Sie es abgewogen haben, und die Lust auf das Tun groß genug war, das Risiko zu ertragen. Sie haben die Verantwortung nicht nur für das Ziel aus Vision übernommen, sondern auch für die dazugehörigen Risiken.

Beim Einschätzen des Risikos müssen Sie auch daran denken, dass nicht nur das Tun ein Risiko in sich birgt, sondern auch das Nicht-Tun mit Risiken behaftet ist. Wenn Sie etwas tun, haben Sie Risiko A. Wenn Sie es nicht tun, haben Sie nicht kein Risiko, sondern Sie haben Risiko B. Selten denken wir an die Risiken des Nicht-Tuns, obwohl sie oft gewaltig sind.

Klären Sie also, was Sie wollen, das am Ende da sein soll, das es Ihnen wert ist, danach in Frieden mit allen Konsequenzen zu leben, wenn das Risiko eingetreten ist. Übernehmen Sie die Verantwortung dafür, die Risiken abzuwägen und zu prüfen ob *Sie*, als die Person, die Sie sind, gewillt sind, die Risiken auf sich zu nehmen – und zwar wenn sie tatsächlich eingetreten sind.

Schlussendlich soll unser Leben eine fortlaufende Kreation sein, basierend auf der Frage »Was will ich?«. Hinter dieser Frage steckt Vision. Wenn wir Klarheit über unsere Vision haben, fällt es uns leichter, zu wissen, was uns wirklich wert ist.

Wie Sokrates sagte: »Ein unüberprüftes Leben ist nicht lebenswert.«

Ohne Überprüfung sind Wachstum und Größe fast ausgeschlossen, abgesehen von zufälligen Notfällen und Krisen, die unser Bestes erfordern. Im Lichte unserer Vision können wir ein Leben in Excellence leben, ein Leben, in dem wir voll und ganz das verfolgen können, was unser persönliches Leben lebenswert macht. Das heißt, ein Leben, das gekennzeichnet ist von der Verfolgung der Dinge, die uns wichtig genug sind, um die damit verbundenen Risiken auf uns zu nehmen.

Bis zu dem Moment, wenn es uns klar wird, dass es keine Sicherheit gibt und wir alleine für die Risiken verantwortlich sind, herrschen Zögern und Zurückhaltung. Nach der Frage: »Bin ich gewillt, in Frieden damit zu leben, nachdem das

Risiko eingetreten ist?« und nach der Überprüfung, ob das Ziel im Einklang mit unserer Vision ist, sind wir bereit, vorwärts zu gehen. Wir können uns nun dem, was wir wollen (siehe ▶Kapitel 9) ganz hingeben, denn wir haben mit den Risiken und dem Drang nach Sicherheit abgeschlossen.

Nur ein Leben aus Vision, das auch Sicherheitsdrang und Risiko versteht und nützlich im Griff hat, kann ein Leben in Excellence sein.

Ich betrachte es als unsere Verantwortung dem Universum gegenüber, unser Leben aus Vision, in Excellence, zu leben. Meine persönliche Vorstellung ist es, dass am Ende unseres Lebens der liebe Gott uns nicht fragen wird: »Warst Du ein guter Junge oder ein gutes Mädchen?« sondern: »Ich habe Dir *Dein* Leben gegeben. Hast Du es gelebt?«

So sehr wir uns nach Sicherheit sehnen, so verständlich, dringlich und verantwortlich es auch ist, das Gefühl von Sicherheit zu schaffen, wollen wir unsere herrlichsten Pläne und Vorhaben nicht durch etwas beschränken, das es gar nicht gibt. Wägen Sie bewusst ab und verfolgen Sie das, was Sie wollen, mit einem klaren Kopf und dem Enthusiasmus, der nur Ziele aus der Vision beinhaltet. Leben *Sie Ihr* Leben!

Kapitel 6
Die Konstruktion der Wirklichkeit – Wie wir wissen, was wir wissen

Kennen Sie Leute, die zu ihrem Fernsehapparat sprechen? Sind Sie schon einmal in einer Vorlesung oder bei einem Vortrag gewesen, wo Sie Lust hatten, etwas zu den Worten des Redners zu sagen oder zu erläutern? Fällt es Ihnen schwer, nichts zu fragen oder zu sagen, wenn Ihr Vis-à-Vis ständig weiterplaudert?

Um es deutlich zu erleben, machen Sie folgendes Experiment: Fordern Sie jemanden, den Sie kennen, auf, fünf Minuten lang über irgendetwas zu sprechen, das ihn interessiert. Vereinbaren Sie, dass er fünf Minuten lang sprechen soll – also einen Monolog hält und Sie werden in dieser Zeit gar nichts sagen oder fragen, werden jedoch mit Interesse zuhören.

Achten Sie während dieses Prozesses darauf, wie oft Sie etwas sagen, fragen, oder dazu anmerken wollen. Erkennen Sie, wie schwer es Ihnen fällt, in der Sache gar nichts zu tun, außer zuzuhören. Es ist überraschend, wie stark unser Drang ist, etwas zu tun, wenn wir endlich einmal aufgefordert werden, nichts zu tun.

Wieso wollen wir etwas sagen? Wie können wir dieses Phänomen erklären?

Schauen wir es so an:

Alles erreicht uns durch unsere Sinne. Alles, was wir lernen, schon wissen, verstehen oder verstehen werden, basiert auf Sinneseindrücken. Wir Menschen haben, ganz klar gesagt, keinen anderen Zugang zur Welt um uns herum. Was wir sehen, hören, tasten, riechen oder schmecken bildet unsere Wirklichkeit. Wir haben keine andere – zumindest noch keine andere von uns erkennbare – Wirklichkeit.

Unser Wahrnehmungsorgan und Denkvorgangsverfahren, unser Hirn, ist in unserem Schädel eingebettet, wo es gut geschützt ist. Es hat nie »Ausgang«. Das wäre zu gefährlich. Es kann nur Informationen aufnehmen, die auf unsere Sinne einwirken.

Das heißt, sobald sich irgendetwas in unserer Sinnesumgebung regt – ob Bilder, Töne, Bewegungen, Düfte usw. –, nehmen wir es durch unsere Sinnesorgane auf und schicken die Information sofort zu unserem Hirn, um es zu interpretieren.

Wenn wir etwas wahrnehmen, wollen wir umgehend wissen, was es ist. Sie kennen das ja. Ihnen geht es bestimmt auch so. Wenn der Sinneseindruck etwas Bekanntes ist, registrieren wir es ohne großes Aufsehen, wie etwa »Oh, die Straßenbahn ist vorbeigefahren.«. Ist es etwas sehr Vertrautes, kann es auch vorkommen, dass wir es nicht einmal bemerken – wie zum Beispiel die Wanduhr, die gleichmäßig tickt und regelmäßig bimmelt.

Ist der Sinneseindruck aber unbekannt, können wir es fast nicht aushalten, bis wir wissen, was es ist. Das kennen Sie auch. Dieses Unbehagen, dieses Unwohlsein lässt uns keine Ruhe, bis wir wissen, was es ist, respektive, was es war. Dass das so ist, können Sie jetzt gut verstehen, denn Sie haben im vorigen Kapitel von unserem Drang nach Sicherheit gelesen. Zu wissen, womit wir es zu tun haben, gibt uns ein *Gefühl* der Sicherheit.

Ein Hauptzweck (übergeordnetes Ziel) des Verstehens ist immer das Gefühl der Sicherheit. »Ich weiß, was da los ist. Ich kann mich zurechtfinden. Ich bin ja nicht verloren.« Darum geht es uns. Es ist eine unerträgliche Horrorvorstellung für uns Menschen, im All verloren zu sein – ohne Orientierung, vollkommen machtlos!

Jetzt zurück zum Prozess der Interpretation.

Nehmen wir beispielsweise an, dass wir etwas hören. Mit dem Gehörten, das heißt, mit diesem Sinneseindruck, gehen wir auf die Suche, um herauszufinden, was dieser Laut war und was er bedeutet, denn dann können wir ihn etwas Bekanntem zuordnen, was uns das Gefühl der Orientierung und der Sicherheit gibt. Wir suchen dann in einem ganz kostbaren Register danach.

Jeder von uns hat in seinem Hirn ein wundersames Lagerhaus aller Informationen, die wir vom ersten Lebensmoment an bis heute gesammelt haben. Ich nenne dieses Lagerhaus die *Annahmestruktur* und bilde sie gerne der Einfachheit halber so ab, wie sie unten zu sehen ist.

Figur 4

Dieses Bild soll das Haus unserer Gedanken, das Museum unserer Erfahrungen und das Lexikon unserer Sprachkenntnisse darstellen. Alles, was wir bis zu diesem Lebensmoment formell und informell erlebt und aufgenommen haben, ist darin enthalten, und zwar – und das ist der springende Punkt – als Annahme, nämlich dass das, was wir bereits wissen und kennen, weiterhin so bleiben wird (deshalb: Annahmestruktur). Der Inhalt ist nicht rein als Kenntnisnahme der Erfahrung – dass das, was in der Vergangenheit war, so gewesen ist – enthalten. Sonst würden wir sie als »Erfahrungsstruktur« bezeichnen.

Wenn wir also etwas Neues durch unsere Sinnesorgane aufnehmen, suchen wir mit unserem Sinneseindruck fieberhaft in der Annahmestruktur nach einer Spur, die uns vermitteln kann, was das Gehörte ist oder war.

Unsere Suche ergibt drei mögliche Varianten:

Finden wir in der Annahmestruktur abgelegt genau das, was wir suchen, sind wir gewaltig erleichtert – ein Gefühl der Sicherheit: »Ich weiß, wo ich bin, ich weiß, womit ich es zu tun habe, ich kann mich orientieren.« –, und aus lauter Freude möchten wir am liebsten jubeln, zumindest in Form einer Mitteilung oder Bemerkung wie: »Oh, das ist ja dies und das!« »Das kenne ich.« Oder: »Ja, genauso ist es mir auch gegangen.«

Sollten wir andererseits in der Annahmestruktur nichts finden, das uns sagt oder klärt, was der Sinneseindruck war, fragen oder forschen wir nach, bis wir zufrieden sind, wieder im Bilde zu sein. Zu fragen ist auf alle Fälle, was wir tun, wenn nicht andere Einflüsse, wie Scheu, Angst, mangelnde Fähigkeit oder Gelegenheit mit im Spiel sind.

Die dritte Variante tritt ein, wenn sich das, was wir in der Annahmestruktur finden, nicht *genau* mit dem deckt, was wir wahrgenommen haben. In solchen Fällen tendieren wir dazu, uns damit abzufinden, indem wir es als »ähnlich« oder »in etwa« erklären.

Eigentlich ist das dumm, denn »ähnlich« sagt ja gerade aus, dass es das *nicht* ist! Aber wir sagen dann: »Das ist *wie* das.«, oder »Das ist ähnlich wie ...«, oder »Das ist in etwa ...«. Wir sind leicht gewillt, uns mit »ähnlich« zufrieden zu geben, weil der Sicherheitsdrang in uns so stark ist. »Ähnlich« erlaubt uns, doch noch ein Stückchen Sicherheit zu beanspruchen. Komplett verloren sind wir ja Gott sei Dank nicht!

Für viele Lebenssituationen reicht »ähnlich«, und es wird allgemein viel über ähnliche Dinge und Erfahrungen gesprochen. Denken Sie nur an Kaffeeklatsch- und Biertischkonversationen. Oft wird im Leben auch gehandelt, als ob *ähnlich* und *gleich* austauschbar wären.

Aber sie sind es nicht! Sie decken sich nicht wirklich, und dieser Mangel an Genauigkeit ist tückisch. Indien ist nicht Pakistan, Sorbet ist nicht Glacé, ein Apfel ist keine Birne, und ein Messer ist kein Brieföffner, auch wenn sie Ähnlichkeit miteinander haben. Dieses Ähnlichkeitsdenken schlägt uns oft ein Schnippchen, was hier mit der zunehmenden Wichtigkeit von Klarheit, um Grenzen zu überwinden, weiter an Bedeutung gewinnt.

Jetzt können Sie verstehen, weshalb Sie etwas sagen wollten, als Sie bei dem Experiment gebeten wurden, nur zuzuhören. Als Sie zuhörten, wurde Ihr Hirn von Sinneseindrücken wie Lauten, Geräuschen und Tönen – was wir zusammengenommen als Sprache bezeichnen – überflutet. Die Suche nach Erkenntnis und Verstehen in der Annahmestruktur lief auf Hochtouren. Je nachdem, was Sie gefunden oder nicht gefunden haben, wollten Sie eine zustimmende oder fragende oder »Ähnlich«-Bemerkung machen, um Ihr Dabeisein auszudrücken und/oder um Ihr Gefühl der Sicherheit wiederherzustellen.

Interessant zu erkennen ist hier, dass der Charakter, der Wert und die Bedeutung einer Sache dadurch entstehen, dass die Annahmestruktur sagt, was diese sind. Die Annahmestruktur sagt uns, was wir gesehen, gehört oder sonst aufgenommen haben. Doch der Teil von uns, der die Sinneseindrücke interpretiert und somit »weiß«, was da draußen los ist – unser Hirn –, ist eingeschlossen in unserem Schädel. Die Annahmestruktur muss sich also auf unsere Sinneseindrücke verlassen, die wie Laufburschen funktionieren, um für uns zu definieren was hereingekommen ist und was es für uns bedeutet.

Dieser Reihenfolge nach ist es treffend zu erkennen, dass die Welt – so wie wir sie kennen und so wie wir denken, dass sie sei, also unsere ganze *Wirklichkeit* – aus einer Sammlung von Sinneseindrücken, die wir gemäß der Information in unserer ständig wachsenden Annahmestruktur interpretiert, ermessen und definiert haben, besteht.

Das heißt also (halten Sie sich fest):

Es gibt keine Wirklichkeit!

Wirklichkeit ist immer ein Do-It-Yourself-Projekt – persönlich und variabel. Sie ist letzten Endes ein Abklatsch von allem, was wir in unserem Leben bis jetzt an einzelnen Erfahrungen und Empfindungen gesammelt, geordnet und bewertet haben.

Die Meldungen, die durch die Sinne in uns hereinkommen, sind einfach, was immer sie sind. *Wir* interpretieren sie und setzen uns dann die Wirklichkeit aus dem, was wir in unserer

Annahmestruktur finden, zusammen. *Der Hirnforscher und Nobelpreisträger Francis Crick bemerkte schon im Artikel »The Brain and the Mind« von Robert Kanigel im Johns Hopkins Magazine im Jahr 1983: »Am Ende gesehen macht unser Hirn eine gut fundierte Vermutung darüber, was da draußen vor sich geht.«*

Die kleine Unannehmlichkeit dabei ist nur, dass sich dieser Prozess der Interpretation unserer Kontrolle entzieht, weil er kognitiv (das heißt vom Denken her) *unbewusst* vor sich geht. Der Interpretationsprozess läuft »transparent« ab. Das bedeutet, wir tun etwas, ohne dabei zu merken, was wir damit kognitiv tun. Wir schauen durch diesen Prozess auf transparente Weise hindurch, wie wir durch das Fenster schauen, ohne dabei unsere Aufmerksamkeit auf das Glas selbst zu richten. Weil wir kein Bewusstsein über diesen Prozess haben, haben wir auch keine Einflussmöglichkeit.

Zumindest bis jetzt nicht. Mit unserer neuen Erkenntnis bekommen wir die Möglichkeit – wenn wir es merken und wahrnehmen –, daran zu denken und zumindest die Interpretationen, die unsere Annahmestruktur uns liefert, zu hinterfragen.

Selbstverständlich wächst die Annahmestruktur von Moment zu Moment mit der Registrierung jedes neuen Sinneseindrucks. Es wäre aber ungenügend, sie als Erfahrungsregister zu betrachten oder so zu benennen, denn sie sammelt nicht nur Informationen und hält sie fürs nächste Mal bereit, wenn etwas eintritt.

Die Annahmestruktur macht eben die Annahme über das, was sie aufnimmt, dass, wenn etwas wieder eintritt, es in seinem Sein, in seiner Bedeutung, in seinem Wert gleich sein wird, wie beim ersten Mal, als es eingetreten ist. Die Annahmestruktur fragt nicht etwa: »Oh, das letzte Mal war dieses Geräusch eine vorbeifahrende Straßenbahn – ist es wohl auch dieses Mal eine?« Nein, sie nimmt an, dass es auch diesmal eine Straßenbahn ist. Das heißt, »A« wird das nächste Mal wieder »A« sein.

Diese Annahme, dass »A« wieder »A« sein wird, ist für unser menschliches Fortkommen recht geschickt. Stellen Sie sich vor, Sie müssten sich bei jedem Sinneseindruck bewusst fragen, was es war, was es bedeutet. Sie hätten kaum Zeit, etwas Neues zu lernen und sich zu entwickeln. Diese Annahme zu machen, ist also effizient. Sie ist auch verlockend, weil sie uns ein Gefühl der Sicherheit bietet. Wir sind uns unserer Sache wieder sicher. Wir gehen nun unseren Weg. Wir lernen viele Dinge und erweitern unsere Annahmestruktur ständig. Wir erledigen und erreichen viele Dinge, denn für den Hauptteil des Lebens funktioniert unsere selbstgebastelte Wirklichkeit recht gut.

Dass es aber ***die** Wirklichkeit* nicht gibt, macht sich hin und wieder unangenehm bemerkbar. Nicht, dass wir merken, dass das ein Problem ist. Wir stolpern einfach auf dem Weg zum Ziel, und zwar immer da, wo wir eine Grenze erleben. Die Grenze, die uns hindert, besteht aber nur in den Annahmen, die wir über eine Sache machen, und nicht in *der Wirklichkeit*, die wir sowieso unmöglich kennen können.

Ganz schlicht gesagt: »A« ist eben nicht immer gleich »A«, auch wenn wir es so interpretiert haben oder es weiter so interpretieren wollen, weil es uns so vertraut ist.

Und jetzt kommt der springende Punkt für unsere Arbeit. Schnallen Sie sich an und halten Sie sich fest:

Wenn uns bewusst ist, dass es keine Wirklichkeit gibt, und dass das, was wir als Wirklichkeit erkennen oder empfinden, nichts anderes als eine *Konstruktion* oder eine Zusammensetzung unserer Lieblingsannahmen über etwas ist, so bedeutet das, dass das »Problem« auch nur die Folge von Annahmen ist. Somit sind wir frei, andere Annahmen in der gleichen Sache zu machen. Andere Annahmen kreieren eine andere Wirklichkeit. Wir können so lange Wirklichkeiten kreieren, bis wir eine Wirklichkeit erschaffen haben, in der das Problem nicht mehr existieren kann. Das heißt, in der neuen Wirklichkeit ist das Problem nicht einfach gelöst und die Grenze nicht einfach überwunden, sondern es ist schlichtweg verschwunden, hat sich aufgelöst. Es existiert in der neuen Wirklichkeit als Problem oder als Grenze schlichtweg nicht.

Aber Achtung! Die Annahmestruktur will nicht, dass wir das tun, denn sie will sich an dem, was sie bereits kennt, festklammern. Dieses Festhalten am Bekannten drängt uns so, weil es uns vertraut ist, und das Vertraute gibt uns vermeintliche Sicherheit.

Es ist in der Tat ein Wagnis. Es braucht Mut, das vertraute Denken loszulassen, um eine neue Wirklichkeit zu kreieren. Da es keine Wirklichkeit gibt, ist die, die wir bereits kennen, nicht wahrer oder weniger wahr als die, die wir kreieren. Die herkömmliche kennen wir jedoch. Sie ist uns vertraut und somit scheint sie uns – zu Beginn – wahrer.

Hier tritt die Rechthaberei auf, weil der Mensch nicht von seiner vertrauten Wirklichkeit loslassen will. Denken Sie zum Beispiel daran, was Galileo Galilei damals erleiden musste, weil er behauptete, dass die Erde sich bewegt. Eine Veränderung im täglichen Leben seiner Zeitgenossen hat diese Erkenntnis kaum bewirkt, und doch haben sie ihn deshalb gequält und eingesperrt.

Und wir? Ständigen historischen Beweisen zum Trotz sind wir in unserer Bereitwilligkeit, Veränderungen in unserer Wirklichkeit anzunehmen, kaum lockerer geworden. Heute sind wir fast ebenso sicher, dass wir die Wirklichkeit unserer Welt kennen.

Die Frage nach der Wirklichkeit stellt sich also nicht in Bezug auf ein Ereignis, sondern in Bezug auf die Interpretation, was dieses Ereignis ist. Wir haben keinen direkten Zugang zu dem, was ist. Es kann sogar sein, dass *eine Wirklichkeit* tatsächlich existiert, aber für uns Menschen ist die Frage danach aufgrund dieses fehlenden Zugangs rein akademisch. Wir können nur das kennen, was wir aufnehmen und interpretieren können. Somit gibt es, praktisch gesehen, keine Wirklichkeit.

Wir wollen, um dieses Kernkonzept zu erläutern, ein Beispiel anschauen.

Vor einigen Jahren fuhr ein Mann mit seinen drei Kindern um Mitternacht in der Untergrundbahn in New York. Die Passagiere waren müde. Der Vater, zusammengesunken auf seinem Platz, schien ebenfalls vom Tag ausgelaugt und fast eingeschlafen zu sein. Die drei Kinder hingegen hatten maßlose Energie, liefen kreuz und quer durch den Bahnwagen und kletterten auf die Bänke und wieder runter. Nach einer Weile sagte einer der verärgerten Passagiere zum Vater der Kinder: »Hören Sie, Sie sind doch der Vater dieser Kinder, oder nicht? Schauen Sie bitte zu, dass die Bälger sich ruhiger benehmen. Wir sind alle müde und wollen unsere Ruhe – nicht so einen Radau.«

Darauf hob der Mann seinen Kopf und antwortete ruhig: »Ach, entschuldigen Sie bitte. Sie haben recht. Es tut mir leid, dass sie so stören. Aber wissen Sie, wir kommen soeben vom Spital. Meine Frau ist heute Abend gestorben, und ich weiß gar nicht, wie unser Leben weitergehen soll ohne sie. Und die Kinder sind auch vollkommen außer sich, und ich selbst bin ratlos.«

Merken Sie, wie Ihre Annahmestruktur geschlagen wird?

Sehen Sie, wie sich die Wirklichkeit in Sekundenschnelle verändert hat?

Zuerst waren Sie sicher, dass der Vater ein verantwortungsloser Mann sei – ein unfähiger Vater und ein respektloser Mitbürger. Und die Kinder? Ja, solche Kinder kennen wir alle –

ungezogen, wild, laut und außer Rand und Band. Richtige Bälger. Ja, das haben bestimmt auch Sie gedacht. Denken Sie ehrlich an Ihre erste Interpretation zurück.

Und auf der Stelle wird der Mann zu einem erbarmungswürdigen Geschöpf, ein armer Kerl, den Sie trösten und fragen wollen, ob Sie ihm irgendwie behilflich sein können. Und die Kinder sind plötzlich arme Halbwaisen, um die Sie sich auch am liebsten kümmern würden.

Auch das stimmt, nicht wahr? Was ist hier geschehen?

Eine klare, selbstverständliche Wirklichkeit hing an den Fäden Ihrer Annahmen über die Situation in der U-Bahn, über das Verhalten des Vaters und der Kinder. Als sich Ihre Annahmen durch die Aussage des Vaters drastisch geändert haben, hatten Sie im Nu eine neue, nicht weniger selbstverständliche Wirklichkeit. Alles war plötzlich anders, obwohl der faktische Zustand der gleiche geblieben ist: Es ist immer noch Mitternacht, der Vater sitzt immer noch da und die Kinder rennen immer noch umher und machen ein Spektakel. Erstaunlich, nicht wahr?

Beide Wirklichkeiten können Sie so richtig im Bauch nachfühlen. Beide weckten echte Gefühle in Ihnen. Und obwohl Sie sich wahrscheinlich besser gefallen, wenn Sie bei der zweiten Wirklichkeit bleiben: seien Sie ehrlich, dass die erste Wirklichkeit doch noch etwas Wahrhaftes an sich hat. Der Mann war im Moment unverantwortlich und respektlos, die Kinder unerzogen und wild, oder nicht? Oder doch?

An der Sache hat sich gar nichts geändert. Aber die Annahmen haben sich geändert, und das ändert alles. Wo ist die wirkliche Wirklichkeit?

Ist es nicht auch interessant, dass der Passagier – so wenig wie Sie selbst – nicht daran gedacht hat, seine Annahmen über die Situation zu hinterfragen? Ihm war es klar, wie die Dinge sind. Wieso? Weil seine Annahmestruktur ihm diese Interpretation geliefert hat.

Weil die Annahmestruktur angenommen hat, dass etwas, das sie schon mal gesehen hat, das Gleiche sein wird, wenn es wieder vorkommt.

Und wenn der Mann und die drei Kinder an der nächsten Haltstelle ausgestiegen wären und er in die Arme einer gleichaltrigen Frau gefallen wäre und die Kinder »Hallo Mami« gesagt hätten, was wäre dann mit Ihrer Annahmestruktur passiert? Sie hätte fieberhaft nach einer neuen Interpretation gesucht. Und Sie wären perplex und möglicherweise erbost gewesen.

Wieso erbost? Was hat die Annahmestruktur schon erlebt, das sie dazu verleitet, anzunehmen, dass hier etwas Trügerisches vor sich geht? Jetzt wäre der Mann plötzlich ein pathologischer Lügner, eine Gefahr für seine Kinder, und die Kinder wären arme misshandelte Wesen, die man ihm eigentlich wegnehmen sollte! Wieso kann sie es nicht einfach dabei belassen, dass hier etwas abläuft, wofür sie momentan keine Erklärung hat? Weil sie Sicherheit sucht. Die Annahmestruktur lässt nicht gerne mit sich spielen.

Wichtig für Sie ist, die zentrale Rolle von Annahmen zu verstehen und die Wichtigkeit von Annahmen zu erkennen. *Wir wissen, was wir wissen, aufgrund der Interpretation unserer Sinneseindrücke, die zur Kreation von Annahmen und der darauffolgenden »Wirklichkeit« führt.*

Um Grenzen zu überwinden, ist diese Erkenntnis unerlässlich. Es folgt daraus, dass wir, um Grenzen zu überwinden, oft locker und spielerisch mit unserer Annahmestruktur umgehen können müssen. Da die Annahmestruktur ihre Arbeit sehr ernst nimmt und – um sich zu schützen – sehr resistent gegen Veränderungen ist, ist es eine Kunst, mit ihr auf nützliche Weise umzugehen. Wir werden im ▶Kapitel 9 anschauen, wie Sie das am besten tun.

Jetzt wenden wir uns jedoch einem anderen Thema zu.

Kapitel 7
Wahrheit – Wie wissen wir, was stimmt?

Wenn es in der Tat, wie wir im letzten Kapitel gesehen haben, keine Wirklichkeit gibt, wie kann es dann *Wahrheit* geben? Es scheint auf der Hand zu liegen: Ohne Wirklichkeit gibt es auch keine Wahrheit. Worauf könnte sie basieren?

Wie können wir – und das seit Menschengedenken – in einer Welt fließender Wirklichkeit von etwas so Beständigem und Zuverlässigem wie der Wahrheit sprechen? Mussten der arme Galileo und alle anderen Neudenker wirklich so leiden, wenn wir nicht einmal die Wirklichkeit, geschweige denn die Wahrheit erfassen können?

Und doch geben wir uns täglich und auf jedem Niveau mit der Wahrheit ab. Wie können wir das ehrlich tun? Wie kann man konsequent mit der Wahrheit umgehen, die es nicht gibt? Interessanterweise ist das gar nicht so schwer. Es ist so einfach, dass es uns nicht auffällt, wenn wir es tun.

Alles Abstrakte, nicht Messbare bekommen wir in den Griff, indem wir eine Domäne konstruieren, in der wir den Dingen ihre Bedeutung geben. Eine Domäne ist ein Bereich, eine Gedankensphäre, die von uns rein durch unsere Definition kreiert wird. Somit definiert die Domäne selbst, was mit dem Abstrakten konkret gemeint ist.

Eine Domäne, mit der wir ohne Weiteres vertraut sind, ist der Sport. Wir haben die Regeln entworfen und bestimmt, und wir wissen genau, was wir damit meinen, wenn wir von Gewinnen und Verlieren, Penalty und Offside, Strategie und Ziellosigkeit sprechen, auch wenn diese Begriffe von Sportart zu Sportart ganz verschieden sind. Was geht, was zählt, was trifft, was kostet, was daneben ist – all das ist *a priori* definiert, und wir halten uns mühelos dran.

Eine weitere bekannte Domäne ist die Sprache selbst. Wir haben sie entwickelt, wir sind uns einig über die Bedeutung der Wörter und die Regeln der Grammatik. Wir machen mühelos Unterscheidungen zwischen Hochsprache und täglichem Slang, Umgangssprache und Dialekt.

In der Domäne von Sprache machen wir auch klare, feine Unterscheidungen. Das Wort »süß« kann zum Beispiel eine andere Bedeutung bekommen, je nachdem, worüber gerade gesprochen wird. Wir können von einem süßen Gebäckstück, einem süßen Mädchen, oder einer süßen Sonate sprechen, ohne verwirrt zu werden, weil wir diesen gleichen Begriff »süß« in der jeweiligen Domäne von Esswaren, Kindern und Musik a priori anders definiert haben. Somit wissen wir jedes Mal, was mit »süß« gemeint ist, jedes Mal bedeutet es etwas anderes – und dennoch gibt es es an sich doch nicht!

Und genauso bekommen wir Wahrheit – etwas, das es an sich nicht gibt – in den Griff. Wir kreieren einfach eine Wahrheitsdomäne. Und nicht nur eine.

Eine »wahre« Wahrheit entzieht sich unserer Fähigkeit, sie zu erkennen. Konsequent durchgedacht heißt das, Wahrheit an sich gibt es für uns nicht. Wir kreieren sie aber in drei Domänen.

Die Drei Domänen der Wahrheit

1. Die physische Wahrheit

Zu dieser Domäne der Wahrheit gehören alle physischen Dinge. Diese werden in ihrem Sein dadurch wahr, dass wir in der Gesellschaft darüber genügend Übereinkunft haben, dass sie das oder so seien. Dass ein Tisch ein Tisch ist und nicht ein Stuhl, dass etwas rot ist und nicht blau, dass zwei mal zwei vier ergibt und nicht fünf oder zweiundzwanzig – das alles sind Beispiele von Dingen oder Tatsachen, worüber wir Übereinkunft haben. Wir sind uns einig, dass sie das und das »sind« und dass es so und so »ist«, denn wir selbst haben sie so definiert und geben diese Wahrheiten von Generation zu Generation weiter.

Gerade bei den Farben ist unsere Sicherheit lustig, weil wir uns einig sind, was »rot« ist, obwohl wir weder die Möglichkeit noch die Fähigkeit besitzen, zu vergleichen und zu konstatieren, ob das, was wir als rot empfinden, genau gleich aussieht für jemand anderen. Aber wir haben es definiert und gelernt, und schon sind wir uns einig!

Wir können sogar nur temporär einig sein, und doch kreiert unsere Einigkeit Wahrheit. Denken Sie zum Beispiel an die Mode oder an medizinische Erkenntnisse, die sich ständig – zwar in unterschiedlichen Zeitfrequenzen – ändern. Doch solange Einigkeit herrscht, ist Wahrheit da.

Wenn sich die Mode ändert – und wir wissen schon im Voraus, dass sie sich ändern wird – ist sie nicht mehr Mode. Gerade war sie es noch und jetzt ist sie es nicht mehr, obwohl sich an der *Sache* nichts geändert hat! Jetzt ist die Wahrheit, dass sie einmal Mode *war*. Und jetzt ist es wahr, dass eine neue Mode Mode ist! So, wie es jetzt zur Vergangenheit gehört und nicht mehr zur Wahrheit, dass man ein kaputtes Herz nicht ersetzen kann. Aber einmal war das *die* Wahrheit, weil wir darüber jene Übereinkunft hatten. Jetzt haben wir die Übereinkunft, dass man ein kaputtes Herz ersetzen kann.

2. Die Erlebniswahrheit

In der Domäne der Erlebniswahrheit finden wir alle Abläufe und Handlungen, die als solche dadurch wahr werden, dass man etwas *demonstriert* und dass es eine *Übereinkunft* gibt, dass das Demonstrierte das ist, was man sagt, es sei. Damit etwas in dieser Domäne wahr wird, muss man es demonstrieren können und genügend Übereinkunft über die Natur der Demonstration bekommen.

Wenn zum Beispiel jemand sagt, dass er Fahrrad fahren kann, können wir ihm zwar gerne glauben, aber wahr wird es für uns erst, wenn wir eine Demonstration bekommen. Das heißt, er muss etwas Bestimmtes tun mit einem bestimmten »Ding«, und danach müssen wir die Übereinkunft haben, dass dieses »Ding« ein Fahrrad ist und dass das, was er damit getan hat, »fahren« ist und nicht etwa »schieben« oder »reparieren«.

Zu dieser zweiten Domäne der Wahrheit braucht es also *Demonstration und Übereinkunft*, damit etwas wahr wird. Somit ist jede Erlebniswahrheit auch eine physische Wahrheit – aber nicht umgekehrt.

3. Die Interpretationswahrheit

Diese dritte Domäne der Wahrheit birgt ein mächtiges Geheimnis in sich. In dieser Domäne der Wahrheit braucht es *nichts* weiter als eine Aussage, damit diese wahr wird. Die Aussage an sich stellt die Wahrheit dar.

Wenn ein Musikkritiker schreibt: »Das Orchester hat den dritten Satz von Beethovens zweiter Sinfonie zu schnell gespielt«, dann ist diese Aussage wahr, allein weil der Kritiker es so gesagt hat. Ob der Komponist oder der Dirigent damit einverstanden sind, tut nichts zur Sache. Die »Wahrheit« steht jetzt als solche in der Welt. Nichts kann es mehr oder weniger wahr machen. Es ist, wie er sagt, dass es sei.

Sollte der Mann seiner Frau sagen: »Du bist einfach die Liebste«, spielt es keine Rolle, ob sie es glaubt oder nicht, oder ob andere das auch finden oder nicht. Diese Aussage steht einfach als eine Wahrheit in der Welt. Punkt.

Die dritte Domäne der Wahrheit ist der Ursprung aller anderen Wahrheitsdomänen. Jede Wahrheit ist zuerst eine Interpretationswahrheit. Stellt man eine Wahrheit in die Welt, ist sie zunächst nur in der dritten Domäne der Interpretationswahrheit wahr. Aber schwuppdiwupp: sobald sie Übereinkunft bekommt, ist sie bereits in der ersten oder zweiten Domäne.

Alles – jede Theorie, jede Philosophie, jede Wissenschaft, jede Religion, die weltbewegendsten Dinge, wie zum Beispiel der Monotheismus – hat seinen Ursprung in der Interpretationswahrheit. Jemand, in diesem Fall Abraham, sagte, es gäbe nur *einen* Gott. Sobald sich andere fanden, die mit ihm einverstanden waren und dadurch Übereinkunft vorhanden war, entstanden alle Folgen bis zum heutigen Stand der Religionen.

Diese dritte Domäne der Wahrheit ist äußerst machtvoll. Sie ist – wenn wir von »Grenzen überwinden« sprechen – *unsere* Domäne. Hier – und nur hier – können wir neue Wahrheiten kreieren. Und neue Wahrheiten kreieren neue Wirklichkeiten – eine unerlässliche Notwendigkeit zur Überwindung von Grenzen. Also: eine ungeheure Macht.

Aber Vorsicht! Diese Macht ist gefährlich – sogar lebensgefährlich, wenn sie missbraucht wird. Man kann mit gleicher Leichtigkeit göttliche sowie teuflische Wahrheiten in Umlauf setzen. Wirklich eine unglaubliche Macht.

Hier will ich gleich und eindringlich betonen, dass ich diese Information über die Domäne der Interpretationswahrheit ausdrücklich NUR in der Domäne von Vision freigebe. Machen Sie sich hier eines der Merkmale von Vision wieder bewusst:

Vision ist immer etwas Positives, das in der Welt etwas Positives schaffen will.

Das heißt, wir brauchen die Kraft dieser dritten Domäne NUR, um positive Wahrheiten in die Welt zu setzen – um ausschließlich Wahrheiten zu kreieren, die förderlich und hilfreich sind und gute Möglichkeiten eröffnen.

Achten Sie auf göttliche oder teuflische Interpretationswahrheiten. Sie können sie deutlich gemäß den Kriterien von Vision unterscheiden. Ist die Wahrheit positiv oder negativ? Tut sie Gutes oder richtet sie Schaden, Schlechtes und Böses an? Ist sie aufbauend oder zerstörerisch? Seien Sie immer auf der Hut, ausschließlich göttliche Interpretationswahrheiten in die Welt zu setzen – oder lassen Sie es ganz sein.

Denn Sie wissen ja, wie leicht es ist, etwas Negatives in die Welt zu setzen. Es braucht nicht einmal eine falsche Aussage zu sein. Ein Gesichtsausdruck, eine Bewegung, eine Zu- oder Abwendung können etwas wortlos vermitteln. Sie haben so etwas sicher schon einmal selbst erlebt.

Die Geschichte ist leider voll von schrecklichen Beispielen teuflischer Interpretationswahrheiten, die nur Verlust, Tragödie oder Zerstörung zur Folgen hatten. Man muss nur lange genug etwas Negatives sagen – es in die Welt hinausbringen – bis es von irgendwoher Übereinkunft bekommt. Leute machen mit – auch intelligente Menschen werden es aus verschiedenen Gründen befürworten – und schon hat man Übereinkunft und eine neue Wahrheit, die Schaden und Trauer mit sich bringen wird.

In der jüngsten Menschheitsgeschichte haben wir erlebt, wie Millionen von Menschen getötet werden konnten, weil die teuflische Interpretationswahrheit von »Untermenschen« lange und laut genug in Umlauf gebracht wurde. Und es geschieht auch heute noch.

Es muss aber nicht so gravierend sein. Wie viele Leute verlieren ihren guten Ruf durch nachlässige negative Bemerkungen anderer? Der Verlust ihres guten Namens kann dann unangenehme Folgen haben für ihre gesellschaftliche Position, ihr Ansehen, ihr Einkommen, ihre weiteren Möglichkeiten usw. Nur weil jemand kopflos – oder absichtlich – etwas Negatives behauptet oder weitergibt, leidet die betroffene Person. Und solche üble Nachrede ist kaum wiedergutzumachen, wenn sie einmal in die Welt hinausgelassen wurde.

Wichtig ist hier zu bemerken, dass eine Wahrheit – einmal in die Welt gestellt – immer weiter wahr bleiben will. Wahrheit verliert sehr ungern und unter größter Resistenz ihren Wahrheitsstatus. Sie will richtunggebend bleiben. Und wir Menschen unterstützen diesen Kampf um den *Status Quo*. Wir sind bereit, uns so zu verbiegen, damit das, was wahr ist, wahr bleibt. Wieso eigentlich? Weil uns das Vertraute eine scheinbare Sicherheit gibt; und wir Menschen lieben das Gefühl der Sicherheit.

Deshalb liegt es mir sehr am Herzen, nochmals zu betonen: Benutzen Sie die Kraft der dritten Domäne der Wahrheit mit Vorsicht und Respekt – immer im Kontext von Vision, wodurch Sie immer etwas Positives verfolgen.

Wir haben in unserem Tun die gleiche Verantwortung wie ein Arzt. Leben und Tod liegen in der Macht unserer Zunge (wie auch sonstige Kommunikations- und Ausdrucksweisen). Und wie beim Arzt muss unser oberstes Gesetz lauten: »Zuerst nicht schaden.«

Ganz im Gegenteil: Wir wollen der Integrität und dem Edelmut, die jeder von uns in sich hat, Ausdruck geben, indem wir uns so nobel verhalten wie die Könige und Königinnen, die wir in unserem Leben sind. WIR, die wissen, dass man in die Welt stellen kann, was man will, verschreiben uns dem Grundsatz, nichts Negatives in die Welt zu stellen. Wir dulden es auch nicht um uns herum, denn das zieht uns herunter.

Wir sind eine Auslese. Wir stehen gerade dafür, die Macht der Interpretationswahrheit zu ballen und voll zu gebrauchen, um Positives, Schönes und Erbauendes in die Welt zu stellen.

Kapitel 8
Grenzen – Wo ziehen wir die Trennungslinien?

Hier ist nicht die Rede von Grenzen auf der Landkarte. Diese werden politisch gesetzt als Folge von Entdeckung, Verhandlung oder Krieg und Frieden. Sie sind auch deutlich und physisch sichtbar mit Hilfe von Draht, Zollschranken und Fahnen.

Hier, in der Welt von Excellence – in der Domäne des Grenzen-Überwindens – befassen wir uns mit den unsichtbaren Grenzen des Denkens, den mentalen Stolpersteinen zur Zielerreichung.

Wie aber werden wir mit Grenzen fertig? Wir haben soeben erkannt, dass es keine Wahrheit gibt. Wie kann es dann Grenzen geben? Auf welcher Basis erkennen oder setzen wir uns Grenzen?

Eben genau so, wie im Kapitel zuvor. Sie haben es kapiert! Wir tun wieder dasselbe, das wir bei der Kreation der Wahrheit gemacht haben. Wir rufen Grenzen ins Leben, indem wir jeweils eine Domäne kreieren, in der wir die Definition von Grenzen einsetzen. Das heißt, Grenzen existieren, weil wir sie – zwar meist unbewusst – setzen. Und wir können gut damit umgehen, wenn wir sie uns bewusst machen, weil wir uns einig sind, was wir mit Grenzen meinen.

Die zwei ersten der drei Domänen von Grenzen haben wir, ohne es zu merken, folgendermaßen eingeteilt:

Die Drei Domänen von Grenzen

1. Die Erfahrungsgrenze

Hier geht es um die Dinge, die wir feststellen können, und von denen wir wissen können, dass sie bis zum heutigen Tag so gewesen oder geschehen sind. Dinge, die wir durch Gedächtnis, Umfragen, Forschung usw. festlegen können und die wir somit in der Domäne der physischen Wahrheit und in der Domäne der Erlebniswahrheit zur Wahrheit gemacht haben. Ein Beispiel einer Erfahrungsgrenze ist:

»Niemand im Alter von über 70 Jahren ist je eine Vier-Minuten-Meile gelaufen.«

Es ist möglich, dieser Aussage nachzugehen und anhand der uns zur Verfügung stehenden Information zu prüfen, ob sie in der Tat stimmt. Das bedeutet, dass in der Tat eine Erfahrungsgrenze auf einer physischen oder einer Erlebniswahrheit basiert.

Eine Erfahrungsgrenze bringt keine Konsequenz mit sich, denn sie ist nichts anderes als ein »Tatsachenbericht« über die Vergangenheit bis zum jetzigen Moment. Sie hat keinen prädiktiven Charakter. So, wie es war, so war es einfach. Punkt.

2. Die Ideengrenze

In diesem Bereich handelt es sich um von uns gemachte Annahmen, die wahr zu sein scheinen. Ein Beispiel einer Ideengrenze ist:

»Niemand im Alter von über 70 Jahren ***kann*** *je eine Vier-Minuten-Meile laufen.«*

Obwohl wir zwar keine unbestreitbare Information darüber haben, ob diese Aussage stimmt, scheint es uns, dass dies nach unserem Wissensstand auf der Hand liegt, nur weil es noch niemand gemacht hat.

Wie kommt es zu so einer Grenze? Eine Ideengrenze basiert auf einer negativen Interpretationswahrheit.

Eine Ideengrenze bringt eine verheerende Konsequenz mit sich, denn da sie als wahr betrachtet wird – und wir wollen unsere Wahrheiten zu Sicherheitszwecken immer weiter als wahr behalten –, wird niemand versuchen, diese – zwar nur vermeintliche – Grenze zu überwinden. Wozu denn die Anstrengung eines Versuches, wenn wir von vornherein »wissen«, dass es nicht gemacht werden kann?

Wie oft machen wir unbewusst, auf transparente Weise, den Sprung von einer Erfahrungsgrenze zu einer Ideengrenze! Wir tun es meistens, ohne es zu merken, denn die Ideengrenze scheint eine logische Folge der entsprechenden Erfahrungsgrenze zu sein. Doch dieser mentale Sprung ist fatal. Alltägliche Beispiele, die sich im Privaten wie auch im Berufsleben oft zeigen, sind: »Nein, das können wir nicht machen! So etwas haben wir noch nie gemacht.« Oder: »Nein, das kann nicht sein! So etwas habe ich noch nie gehört.«

Wir wollen unser Bewusstsein schärfen, damit wir hellhörig werden und sofort merken, wenn aus einer Erfahrungsgrenze eine Ideengrenze gemacht wird. Die Tatsache, dass die Ideengrenze zuerst ausgesprochen wird, soll uns nicht verwirren und uns davon abhalten, sie im nächsten Moment als solche zu erkennen.

Der beste Umgang mit einer Ideengrenze ist, sich selber oder einem anderen darauf die Frage zu stellen: »*Wirklich* nicht? Geht das *wirklich* nicht? Kannst Du das *wirklich* nicht? Ist das *wirklich* nicht möglich?« Meist ist die Antwort darauf: »Jaaa ... vielleicht schon, aber da müsste man zuerst ...« Aha! Es geht also!

Zurück zu unserem Beispiel einer Erfahrungsgrenze. Es war ja in der Tat einmal wahr, dass überhaupt niemand – weder unter noch über 70 Jahren – eine Vier-Minuten-Meile gelaufen war.

Die unüberprüfte Annahme war, dass der Mensch dazu nicht fähig ist.

Bekanntlich hat der britische Arzt Dr. Roger Bannister dann in den frühen 1950-er Jahren die Frage gestellt: »Ja, wirklich nicht?« Er glaubte nämlich nicht ganz an die Ideengrenze (was gleich einer negativen Interpretationswahrheit ist) und fing an, selbst für eine Vier-Minuten-Meile zu trainieren.

Als er dann in der Tat 1954 eine Meile in vier Minuten gelaufen ist, hat er etwas vermeintlich Unmögliches möglich gemacht. Was für eine Leistung!

Und siehe da. Plötzlich konnten es andere auch tun. Wieso denn das? Weil die Ideengrenze, die negative Interpretationswahrheit, gesprengt worden war – weil es eine neue Erlebniswahrheit gab, die da lautete: »Der Mensch kann eine Vier-Minuten-Meile laufen.« Dr. Bannister hatte es demonstriert und es gab danach die Übereinkunft, dass das, was er demonstriert hat, in der Tat das Zurücklegen einer Meile durch Laufen in unter vier Minuten war.

Es war uns einmal klar, dass der Mensch erdgebunden ist, da er nicht fliegen kann. »Wenn Gott gewollt hätte, dass Menschen fliegen können, hätte Er uns Flügel gegeben«, hieß es damals. Die Gebrüder Wright fragten: »Ja, wirklich nicht?« Und siehe da, wo wir heute gelandet sind!

Ich hoffe, Sie sehen, dass die Ideengrenze die tückischste der drei Arten von Grenzen ist, denn eine Ideengrenze *klingt*, als ob ein Bodenpunkt permanent fehlen würde. Da – und wie Sie inzwischen wissen: nur da –, wo ein Bodenpunkt permanent fehlt, ist etwas unmöglich. Damit kommen wir zur dritten Domäne der Grenzen, der einzig wirklich begrenzenden Grenze:

3. Die Bodenpunkt-Grenze

Wenn wir in dieser Domäne feststellen, dass zur Erreichung eines Zieles ein Bodenpunkt fehlt, müssen wir uns fragen, ob dieser Bodenpunkt vorübergehend oder permanent fehlt.

Wenn er *vorübergehend* fehlt, dann tun wir das Notwendige, um ihn zu beschaffen. Danach können wir das Ziel erreichen.

Wenn jedoch nach klar überlegtem und überprüftem letztem Stand des menschlichen Wissens ein Bodenpunkt zur Erreichung eines Zieles in der Tat *permanent* fehlt, dann – und nur dann – kann ein Ziel nicht *erreicht* werden.

Im ▶Kapitel 1 haben wir gesehen, wie wichtig es ist, zwischen temporär fehlenden und permanent fehlenden Bodenpunkten zu unterscheiden. Die oben erwähnten Beispiele weisen klar darauf hin, wie ein Ziel durch diesen Unterschied lebt oder stirbt.

Es liegt an uns, die wir Grenzen überwinden und Dinge möglich machen wollen, auf der Hut zu sein, temporär und permanent fehlende Bodenpunkte eindeutig zu erkennen, auseinanderzuhalten und entsprechend zu handeln.

Die Vier-Minuten-Meile und das Fliegen waren einmal Erfahrungsgrenzen, die man auf unbewusste Weise zu Ideengrenzen machte, wodurch sie unmöglich schienen. Beides ist in der Zwischenzeit so selbstverständlich geworden, dass wir vergessen, wie viel Neugierde, Mut, Kreativität, Hingabe und eigene Verpflichtung zur Erreichung dieser Ziele hinter diesen Entdeckungen steckt.

Möge es Ihnen auch so gehen, wenn Sie es wagen, begrenzende Aussagen – Ideengrenzen – zu hinterfragen und neue Wirklichkeiten zu kreieren, die Ihnen erlauben, das zu tun, was Sie befähigt, Ihr Ziel zu erreichen!

Kapitel 9
Wollen und Müssen

Würde die Frage lauten: »Wissen Sie, was der Unterschied zwischen Wollen und Müssen ist?«, so wäre Ihre Antwort bestimmt: »Ja, natürlich!«

Die wörtliche, gedankliche Grenze zwischen den beiden Begriffen scheint uns klar zu sein. Aber ist sie wirklich so klar, wie wir sie uns vorstellen?

Wenn Sie sich umschauen, wird Ihnen etwas bewusst, das so selbstverständlich geworden ist, dass es uns nicht mehr auffällt. Sie werden feststellen, dass nicht alle Leute die gleichen Sachen wollen.

»Na ja«, sagt Ihr Hirn vielleicht, »das mag Geschmacksache oder Charaktersache sein.« Aber noch weniger verständlich ist, dass nicht alle Leute dieselben Bedürfnisse haben. Das heißt, nicht alle Leute *müssen* die gleichen Sachen haben.

»Also, ich muss ein Büro mit Fenstern haben.«

»Ich brauche drei Wochen Ferien.«

»Mein Mann sollte immer aufmerksam sein.«

»Ach, raus mit dem Kram! Ich muss mehr Freiraum haben.«

Was ist hier los? Wieso wollen manche Leute etwas, das anderen egal ist? Wieso müssen manche Leute etwas haben, ohne das andere Leute ganz gut oder sogar besser leben können? Wo liegt der Unterschied zwischen *Wollen* und *Müssen,* den wir so gut zu kennen glauben?

Und welche Bedeutung hat dieser Unterschied für uns überhaupt? Folgen Sie dem Faden so:

Aus der Kindheit haben wir gelernt, dass das Wollen nicht legitim ist. Die Mitteilung wurde vielleicht nie direkt so ausgesprochen und kam auch nicht von einem Tag auf den anderen zu uns. Aber sie kam. Mit der Zeit hat es sich herauskristallisiert.

»Ah, du willst einen neuen Ball haben. Zeig mal den alten! Ach, der ist doch noch prima. Spiel mit dem!«

»Was sagst du? Du willst ein Kleidchen aus Tüll wie eine Ballerina bekommen? Ja, weißt du, dein Sonntagskleidchen passt dir noch bestens. Sprechen wir wieder davon, wenn du daraus herausgewachsen bist.«

»So so, du möchtest jetzt zu Fritz gehen? Aber morgen ist wieder ein Schultag, und du musst jetzt ins Bett.«

»Dieses Schreibheft gefällt dir nicht mehr? Du willst ein neues haben? Aber schau, das hat noch eine Menge unbeschriebener Blätter. Schreib die mal zuerst voll, dann reden wir wieder drüber, okay?«

Ja, okay war es natürlich nicht. Sie hätten doch liebend gerne das neue Ding, wofür Sie so hoffnungsvoll plädiert haben. Denken Sie zurück: Wenn nicht gerade die oben erwähnten Beispiele aus Ihrer eigenen Kindheit zutreffen, so werden Sie im Kopf andere, eigene Erinnerungen von vernünftigen, treffenden und triftigen Gründen hören können, die alle dasselbe Resultat bewirkt haben: Es wird nicht gekauft, es wird nicht getan, es wird nicht gegangen – ganz gleich, wie sehr Sie es wollten. Wieso denn nicht? Weil Sie es nicht *brauchten*, weil es nicht sein *musste!*

Schließlich hatten Sie in der Sache keine Macht, und wenn Sie ein artiges Kind waren, so haben Sie sich eben ohne allzu großen Aufruhr gefügt. Und jetzt, wo wir selbst erwachsen und selbstverantwortlich sind, klingt das alles recht vernünftig und angemessen. Oder nicht?

So ist es heute. Aber damals, als Kind, haben Sie nicht so leicht losgelassen. Sie wollten doch das Ding. So klug und kreativ wie Kinder nun mal sind, haben Sie einen roten Faden bei alldem entdeckt; nämlich: Wenn Sie sagten, dass Sie etwas haben *wollen*, ist es meist – zumindest oft – in die Hose gegangen.

Sagten Sie aber: »Ich *muss* ein neues Schreibheft haben, der Lehrer hat es gesagt«, oder: »Ich *muss* noch zu Fritz gehen, weil er mir mit meinen Mathe-Aufgaben für morgen helfen kann«, haben Sie viel eher bekommen, was Sie wollten. Sie hatten eine viel größere Chance, Ihr Ziel zu erreichen.

So fingen Sie an, *wollen* einfach durch *müssen, nötig haben,* oder *sollen* zu ersetzen und dann klappte es. Hurra!

Mit der Zeit wurden Sie ganz geschickt in der Auslegung, wie das, was Sie *wollten,* eigentlich etwas war, das Sie *brauchten.* Welch eine geniale Lösung des Problems des Bekommens, was man will – für ein machtloses Kind!

Aber, oh je, diese tolle Lösung des Kindes hat einen Haken, nämlich den, dass eine Wahrheit ja immer weiter bestehen will. Wenn einmal etwas zur Wahrheit auserkoren wurde, lässt es sich von diesem erhabenen Status ohne eine gewaltige Intervention nicht so leicht loslösen. Etwas enorm Einsichtiges oder Kräftiges muss dazwischenkommen. Sonst gilt: Was einmal wahr ist, muss wahr bleiben! So haben wir es gerne – wiederum, weil es uns das Gefühl der Sicherheit gibt.

Na, und? Es funktioniert ja. Wir wollen diese Lösung weiter anwenden. Was ist so problematisch daran, wenn wir *müssen* anstatt *wollen* sagen, um ans Ziel zu kommen?

Leider ist es so, dass die Anwendung einer Lösung eines nicht oder nicht mehr existierenden Problems immer ein Problem kreiert. Sie haben vielleicht die Erfahrung gemacht, dass auch das wirkungsvollste Medikament unangenehme Nebenwirkungen erzeugt, wenn es nach der Heilung weiterverwendet wird.

Ein ganz banales Beispiel ist das Essen. Wenn Sie Hunger haben oder gar am Verhungern sind, ist Essen die ausgezeichnete Lösung. Essen wir aber einfach weiter und weiter, so wird uns übel oder es passieren noch schlimmere Dinge. Denn das Problem des Hungers ist ja mit dem Essen bereits gelöst. Also essen Sie nicht weiter!

Wir können anhand von zu Hause misshandelten Kindern besonders dramatisch beobachten, wie dieser Prozess einer Problemlösung zur weiteren Problemkreation führt.

Normale, geistig intakte Menschen empfinden Kindermisshandlung als etwas Abscheuliches. Einem unschuldigen Kind bewusst und mit Absicht Schmerzen zu verursachen, bricht unseren unausgesprochenen Pakt mit dem Universum hinsichtlich dessen, wie wir uns zu verhalten haben und wie die Welt sich vorwärts zu entwickeln hat.

Für das misshandelte Kind jedoch sind die verursachten körperlichen oder emotionalen Schmerzen nicht das Schlimmste an der Misshandlung. Die werden vergehen, und so schlimm sie auch sein mögen, kann ein Kind doch darüber hinwegkommen.

Was das Kind aber zutiefst trifft, was ihm am meisten Kummer und Existenzangst verursacht, ist der Bruch des bedingungslosen Vertrauens. Ein Kind vertraut den Eltern blind, dass sie immer nur das tun werden, was für sein Wohlergehen sorgt. Es kommt dem kleinen, unschuldigen, naiven Kind nicht in den Sinn, dass Eltern etwas Negatives für es tun könnten. Ein Kind muss das annehmen; es gibt keine andere Möglichkeit für es, um zu überleben. Ein Kleinkind ist dem Wohlwollen der Erwachsenen ausgeliefert.

Misshandlung ist demnach ein Horror für Kinder, weil sie merken, dass sie sich nicht mehr auf die Eltern verlassen können. Damit bricht ihre ganze Welt zusammen. Diesen Verlust könnte das Kind nicht überleben, und diesen Angstzustand kann das Kind nicht auf Dauer aushalten.

Das Kind, bis zum Äußersten psychisch belagert, sucht krampfhaft nach einer Lösung. Und es findet eine zauberhafte Lösung, die – der gegebenen Situation gemäß – brillant ist. Das Kind findet etwas an sich selbst, das nicht in Ordnung ist. Und somit liegt die »Ursache« der Misshandlung durch die Eltern nun plötzlich beim Kind und es hat – Deus ex machina – wieder »gute« Eltern, die das, was sie tun, nur tun, weil das Kind nicht »richtig« ist.

»Ich bin zu laut, zu langsam, zu dumm, zu unordentlich, oder sonst etwas. Und deshalb schlagen sie mich oder sperren mich ein oder schreien mich immer an« (oder – Gott behüte – noch Schlimmeres). Das heißt, das Kind schreibt sich irgendeinen Makel zu, der die Misshandlung durch die Eltern rechtfertigt und sogar legitimiert.

Es ist total aus der Luft gegriffen – eine negative Interpretationswahrheit –, doch gleichzeitig genial. Plötzlich macht alles Sinn. Auf einmal hat das Kind »berechenbare« Eltern, auf die es zählen kann. Auf einmal hat das Kind das Gefühl – ob es stimmt oder nicht, ist zweitrangig –, dass es Kontrolle über die Sache bekommen kann. Es muss nur beispielsweise immer leiser oder ordentlicher werden.

Die Misshandlung hört zwar deswegen nicht auf, aber diese Lösung erlaubt es dem Kind – mit Hilfe der Zeit – groß zu werden, ohne sich ständig der Unberechenbarkeit der Umwelt ausgeliefert und sich gelähmt zu fühlen durch die fürchterliche Angst.

Eines Tages wird die Misshandlung vorbei sein. Und was eine geniale Lösung war, solange die Misshandlung angedauert hat, wird zu einem Problem. Das Kind wird groß und zieht von zu Hause fort.

Die Misshandlung existiert zwar nicht mehr, doch die Lösung wird unbewusst weiter angewendet, da sie so gut funktioniert hat. Und das jetzt erwachsen gewordene Kind wundert sich nun, weshalb es zum Beispiel keine Freunde oder keinen Partner findet.

»Ich bin ja wirklich nicht laut, ich tu mich doch wirklich nicht zu sehr hervor«, sagt das »Mäuschen« und merkt nicht, dass die Umwelt es gar nicht wirklich als wer es als Mensch ist wahrnimmt. Die überholte Lösung, ganz leise und unscheinbar sein zu müssen, kreiert nun eine Reihe unerwünschter Nebenwirkungen, die zum Hemmschuh im Leben werden und kaum ohne eine gezielte, effiziente Therapie behoben werden kann.

Anhand dieses dramatischen Beispiels können wir zurück zu unserer Verwirrung und Verwechslung über *Wollen* und *Müssen* kommen. Ja, es war einmal sehr nützlich, *müssen* anstatt *wollen* zu sagen, um an unser Ziel zu kommen. Aber das war eine Kinderlösung, und wir sind keine Kinder mehr.

In der Kinderzeit waren die Erwachsenen verantwortlich für das, was wir bekamen und sein und tun durften. Jetzt sind wir dafür verantwortlich, und es ist nicht egal, sondern der Sache abträglich, wenn wir keine Klarheit über den Unterschied zwischen *Wollen* und *Müssen* haben. Schauen Sie, welche Wirkung das in Ihrem Leben hat.

Anfangs haben wir gesagt, dass wir in der Domäne von Vision selbstverständlich annehmen, dass wir leben wollen. Nur wer lebt kann positive Ziele verfolgen und Positives in die Welt bringen – und dem verschreiben wir uns.

Es besteht aber allgemein eine Unklarheit darüber, was es zum Leben »braucht«. Jeder hat seine Lieblings-Vorstellungen darüber, was »nötig ist« oder was »sein soll«, damit er oder sie existieren kann.

»Ich muss Geld verdienen.«
»Ich muss gesund sein.«
»Ich muss frei sein.«
»Ohne Liebe geht es nicht.«

Wenn wir das Leben aber auf das reduzieren, was es tatsächlich zum Überleben braucht, sehen wir, wie minimal und gleichzeitig lächerlich selbstverständlich die Anforderungen zum Leben sind. Schlussendlich sind es nur die sechs Bodenpunkte des Lebens, die für alle Menschen gleichermaßen gelten und die aussagen, ob man lebt oder nicht. Wir müssen:

- atmen können
- essen können
- trinken können
- schlafen können
- ausscheiden können
- uns der Witterung anpassen können

Das heißt, wenn wir unter die Überlebenslinie fallen, weil wir zum Beispiel nicht ausscheiden können, so *müssen* wir etwas tun, um wieder auf die Überlebenslinie zu kommen. Ebenso bei den anderen fünf Bodenpunkten. Stimmt es irgendwo nicht, so *müssen* wir etwas tun, wenn wir überleben wollen. Sonst kommen wir um.

Wir können diese Bedingungen nicht außer Acht lassen. Wir können uns nicht den Bodenpunkten entziehen und überleben. Wir haben in der Sache keine Wahl und auch keine Möglichkeit. Es ist einfach so.

Wir sind auch nicht dafür verantwortlich, dass wir so geschaffen sind. Es ist einfach so, und wir wurden nicht gefragt. Und wo Verantwortung fehlt, fehlt die Freiheit ebenfalls, denn die beiden sind ein unzertrennliches Paar.

Wir sehen also, dass wir – obwohl wir Konditionen anhängen möchten, um so leben zu können, wie wir es am liebsten *wollen* – nur die sechs Bodenpunkte des Lebens *brauchen.*

Die Bodenpunkte des Lebens, sowie Bodenpunkte überhaupt, gehören zur Domäne des Müssens. Das ist alles, was in die Domäne des Müssens gehört – nur die jeweiligen Bodenpunkte, die als Mittel zum Zweck dienen, um ein Ziel zu erreichen.

Somit stellen wir fest: In der Domäne des Müssens haben wir keine Wahl, keine Möglichkeit, keine Freiheit und auch keine Verantwortung. Das sind die Eigenschaften und der Charakter der Domäne des *Müssens*. Es wird *gemusst*.

In der Domäne des Müssens ist der Mensch immer ein Opfer.

Ganz anders sieht es in der Domäne des *Wollens* aus. In der Domäne des Wollens haben wir jede Wahl. Wir haben alle Möglichkeiten – Möglichkeit schlechthin lebt in der Domäne des Wollens. Wir haben die ganze Freiheit und somit auch die volle Verantwortung.

Jetzt gilt es, aufzupassen: Was geschieht, wenn man diese zwei Domänen – *Müssen* und *Wollen* – nicht klar trennt und nicht auseinanderhält?

Dann lassen wir die beiden Domänen zusammenklappen. Das heißt, wir legen das *Wollen* ins *Müssen*, und plötzlich sieht alles aus, als ob wir keine Wahl, keine Möglichkeit, keine Freiheit und keine Verantwortung hätten! Als ob wir wirklich ein Opfer des Lebens und ein Opfer unserer Umstände wären.

Wenn wir aber diese Trennung klar vollziehen, merken wir auf einmal, welche Möglichkeiten wir haben. Wir können ja wählen, was wir wollen; jede Möglichkeit steht zur Verfügung. Wir sind frei und somit natürlich auch verantwortlich.

Denn in der Domäne des Müssens ist so wenig – nur die jeweiligen Bodenpunkte – und die sind nur Mittel zum Zweck, nur ein Prozess zur Erreichung dessen, was wir wollen. Wohlgemerkt, Bodenpunkte sind kritisch und unentbehrlich, aber sie sind eindeutig. Entweder sind sie vorhanden oder nicht. Entweder fehlen sie temporär oder permanent. In beiden Fällen sehen wir klar, was wir tun müssen – und dann tun wir es.

Ich denke, Sie beginnen zu ahnen, dass Sie tatsächlich sein und tun und haben können, was Sie wollen. Dort wo die Bodenpunkte vorhanden sind oder beschafft werden können, liegt der Erfolg in Ihrer Bereitschaft, in der Domäne des Wollens zu agieren.

Es ist an uns, die bewusste Entscheidung zu fassen, wo wir leben wollen – in der Domäne des Müssens, wo wir immer ein Opfer sind, oder in der Domäne des Wollens, wo wir ständig frei und leidenschaftlich das verfolgen, was wir wollen: unsere brennendsten Ziele.

Eines wollen wir an dieser Stelle festhalten: An sich gibt es überhaupt kein Müssen! Müssen ist immer nur der Diener des Wollens. Wenn Sie nur überleben wollen, dann müssen Sie – außer den sechs Bodenpunkten zum Leben – überhaupt nichts. Sie müssen nicht aufstehen, Sie müssen nichts verdienen, Sie müssen keine Regeln einhalten, Sie müssen keine Steuern zahlen, Sie müssen bestimmt kein Fitnesstraining machen, Sie müssen nicht einmal bleiben und die Kinder erziehen. Sie müssen nichts. *Sie müssen gar nichts!* Sie meinen nur so oft, Sie müssten, aber Sie müssen nichts!

Stellen Sie sich also in Zukunft immer zuerst die Frage: »Was *will* ich?« Und beantworten Sie diese Frage ehrlich. Erst dann wird sich zeigen, was Sie *müssen,* um das, was Sie *wollen,* zu erreichen.

Somit geschieht alles, was wir tun – außer dem Einhalten der Bodenpunkte, die jeweils zu einem bestimmten Ziel gehören –, allein in der Domäne des Wollens. Alles, was wir tun, tun wir, weil wir es gewählt haben und weil wir es tun *wollen.*

Angesichts der Tatsache, dass Sie in jedem Moment etwas anderes hätten wählen können, bedeutet das, dass Sie das tun, was Sie tun, weil Sie es tun wollen. Sonst würden Sie etwas anderes tun. Es schien nur vielleicht, als hätten Sie es tun müssen, aber dem ist nicht so.

Natürlich sträubt sich Ihr Hirn dagegen. Außer für ein paar glückliche Kinder ist das gar nicht das, was wir von Mama und Papa gelernt haben. Das Erwachsenleben wird uns als Pflicht, als Bürde, als Aufgabe – wenn wir Glück hatten, als Herausforderung – präsentiert, die wir zu meistern haben.

Aber Sie haben nun gesehen, dass es eine andere Wirklichkeit gibt – eine Wirklichkeit, die mindestens so wahr ist wie die übliche. Eine Wirklichkeit, die uns ermöglicht, sehr viel produktiver, erfolgreicher, und freudvoller zu sein. Schließen Sie sich dieser Wirklichkeit an und profitieren Sie von dem unvorstellbaren Aufschwung, den Ihr Leben dadurch nehmen wird.

Wie kriegen Sie das hin, wenn Sie sozusagen »programmiert« sind für die herkömmliche Wirklichkeit? Wie gleiten Sie zu einem Leben in der Domäne des Wollens über?

Beginnen Sie damit, dass Sie Ihre Sprache ändern. Ab jetzt sprechen Sie nicht mehr von müssen – außer, wenn es sich um einen Bodenpunkt handelt. Ersetzen Sie *müssen* durch *wollen.* Sie werden in erster Linie erstaunt sein, wie Ihnen Ihr Leben lockerer vorkommt, wenn Sie von *wollen* – oder von *am liebsten* oder von *Lust haben* etc. – sprechen. Danach werden Sie merken, wie andere Leute auf Ihr Vorhaben reagieren, wenn von *wollen* die Rede ist. Leute machen so viel lieber mit, wenn Sie etwas von oder mit ihnen *wollen,* als wenn Sie von ihnen erwarten, dass sie etwas machen *müssen.*

Gewöhnen Sie sich daran, Ihr Leben aus der fortlaufenden Frage »Was will ich?« zu leben.

»Gegeben, dass die Dinge so sind, wie sie sind (erinnern Sie sich an ▶Kapitel 1?), was will ich im nächsten Moment tun?« Diese Frage veranschaulicht, dass Ihr Leben nicht ein Muss, sondern ein Wunsch ist.

Nur zwei Ausnahmen wollen Sie berücksichtigen, wenn Sie sich dem verschreiben, immer von *wollen* zu sprechen. Beide Ausnahmen ziehen die Reaktion Ihres Gegenübers in Betracht.

- Da, wo Sie es mit jemandem zu tun haben, der *Wollen* nicht versteht oder verstehen will – und solche Menschen gibt es -, sprechen Sie, als Mittel zum Zweck, vom *Müssen* oder *Brauchen.*

  Oft sind es Vorgesetzte, die den Unterschied, so wie wir ihn hier herausgearbeitet haben, nicht verstehen, weil sie sich noch nicht mit diesem Konzept befasst haben. Oder sie wollen es nicht verstehen, weil sie meinen, an Autorität zu verlieren, wenn sie etwas erlauben, das nicht gemusst oder gebraucht wird.

  Mit solchen Leuten reden Sie ruhig von *Brauchen* statt *Wollen.* Es ist dann einfacher für sie mitzumachen. Aber Sie wollen dabei wissen, dass es sich nicht um *Müssen* oder *Brauchen* handelt, sondern um *Wollen.*

- Da, wo Sie einem anderen Menschen nicht weh tun wollen, sprechen Sie ruhig von brauchen oder müssen. Wenn Sie zum Beispiel eingeladen werden, und Sie möchten nicht hingehen oder Sie wollen früher weggehen, sagen Sie ruhig, dass Sie leider, leider nicht kommen *können* oder leider schon weggehen *müssen.* Sie wollen Ihr Gegenüber weder beleidigen noch kränken. Aber Sie wissen, dass es sich in Wirklichkeit um Ihr *Wollen* handelt!

Vielleicht können Sie an weitere Beispiele denken, wo es wichtig ist, aus Liebenswürdigkeit etwas aus der Domäne des Müssens zu sagen. Achten Sie aber immer darauf, dass Sie für sich wissen, dass es sich dabei um *Wollen* handelt und nicht um *Müssen*. Sonst fallen Sie leicht in alte Gewohnheiten zurück.

Seien Sie nicht erstaunt, dass es Menschen gibt, die diese Erkenntnis über den Unterschied zwischen *Wollen* und *Brauchen* nicht gerne erkennen werden. Es ist nützlich für sie, im Nebel von *Wollen* und *Müssen* zu leben, weil es sie davor schützt, persönliche Verantwortung zu übernehmen.

Ihre eigene Annahmestruktur wird Ihnen durch die Anziehungskraft des Bekannten und auch aus anderen Gründen (siehe ▶Kapitel 11) dazwischenfunken. In Ihrem eigenen Kopf werden Sie, wenn Sie gut hinhören, allerlei Einwände hören, weshalb Sie besser mit *Müssen* weitermachen sollten. So paradox es klingt: Wenn Sie Ihr Leben aus der Domäne des Wollens leben *wollen, müssen* Sie sich mit Ihrer Annahmestruktur befassen.

Als erwachsene, verantwortliche Menschen obliegt es uns, uns erfolgreich mit unserer Annahmestruktur zu beschäftigen, denn wir haben nur zwei Möglichkeiten: Entweder leben wir nach dem, was wir wollen, oder wir leben nach dem, was die Annahmestruktur will (und die schließt ein, was *andere* wollen!) Eine weitere Möglichkeit gibt es nicht.

Kämpfen Sie also nie gegen die Annahmestruktur! Wenn Sie das tun, so gewinnt sie immer. Sie weiß nämlich, wie Ihr Leben ist, sie weiß, was Ihnen vertraut ist, sie ist unermüdlich, und sie investiert ihr Letztes ins Rechthaben.

Statt gegen sie zu kämpfen, gehen Sie liebevoll mit ihr um. Sie hat Ihnen doch über all die Jahre so gute Dienste geleistet – und will es auch weiter tun, wenn Sie es nur zulassen.

Halten Sie in Ihrem Kopf eine gütige Konversation mit ihr. Danken Sie ihr aufrichtig für ihre guten Dienste. Versichern Sie ihr, dass Sie weiter ihrem guten Rat zuhören werden, dass Sie sich nur hier und jetzt etwas anderes überlegt haben, und dass Sie das jetzt tun werden. Versichern Sie ihr auch, dass – obwohl es nie eine Garantie gibt für das, was Sie tun –, Sie es sich gut überlegt haben, und Sie so sicher sind, wie Sie sein können, dass es gut ausgehen wird.

Wenn Sie diese Konversation mit Ihrer Annahmestruktur gut führen, werden Sie merken, wie sie langsam weniger heftig protestiert und immer mehr gewillt ist, ohne weiteren Einspruch zu erheben das zuzulassen, was Sie tun wollen. Diese Einwilligung brauchen Sie, um in der neuen, von der Annahmestruktur aus gesehen mit Risiko beladenen Aktivität, erfolgreich zu sein.

Wenn Sie diese Einwilligung nicht haben, kann Ihnen die Annahmestruktur tückische Stolpersteine in den Weg legen. Die ist so schlau; Sie werden es nie merken und nicht darauf kommen. Sie werden nur staunen und sich wundern, wie Ihr tolles Vorhaben scheitern konnte, und Sie werden sich fragen, weshalb Sie Ihr herrliches Ziel nicht erreicht haben. Und das wird nicht das einzige Mal sein, dass das geschieht!

In der Domäne des Wollens zu leben braucht Wachheit, Klarheit und Mut. Mutlose und Unentschlossene finden den Zugang kaum. Ja, aus dem *Wollen* heraus zu leben, nach Vision zu leben, ist nicht üblich – aber herrlich. Die Tür steht Ihnen offen!

Kapitel 10
Das fortlaufende Experiment – Unser Erfolgsrezept

Wenn Sie diese Trennung zwischen Wollen und Müssen machen, eröffnet sich Ihnen auf einmal eine ganze Welt von Möglichkeiten.

Meine Güte! Wenn alles – außer Bodenpunkten – aus der Domäne des Wollens kommt, wenn wir tatsächlich die Wahl zwischen allerlei Wünschen und Begehren haben, wie wollen wir uns entschließen, was wir als Nächstes tun werden?

Diese Frage ist von markanter Bedeutung, wenn wir etwas erreichen wollen, ohne uns darin zu erschöpfen, oder dass wir versucht sein könnten, zu viel des Guten zu wollen.

Wir dürfen dankbar dafür sein, dass wir gut ausgerüstet sind, um mit der Vielfalt des Wollens umzugehen. Wir haben bei all den herrlichen Möglichkeiten, die sich uns auf einmal präsentieren, einen sicheren Wegweiser: Unsere Vision.

Die Vision ist das einzige uns Bekannte, das sich im Laufe unseres Lebens nicht ändert. Die Vision bleibt. Darauf können wir uns verlassen. Nur die Art und Weise, wie wir sie in unserem Leben zum Ausdruck bringen, ändert sich je nach Alter, Erfahrung und Gegebenheit. Das Leben aus Vision ist also die beste Gewähr, der beste Schutz gegen das Verfolgen verlockender Möglichkeiten, die uns zwar auf eine Weise anziehen, sich aber als nichts anderes als »gute Ideen« entpuppen, die eben nicht unserer Vision entsprechen.

Wenn wir unsere Vision kennen, können wir das Leben aus Vision als fortlaufendes Experiment leben.

Dieses fortlaufende Experiment fängt mit der ganz klaren Definition unseres Zieles aus unserer Vision an. Wir erschaffen uns im Kopf ein klares, dreidimensionales Zielbild dessen, was wir erreichen wollen. Danach entscheiden wir uns für einen Prozess, einen Ablauf, der zum gewünschten Resultat führen soll.

Wir führen dann diesen Prozess aus, erzielen ein Resultat und vergleichen dieses Ergebnis mit unserem Zielbild. Stimmen die beiden überein, so ist das Ergebnis genau das, was wir uns bei der Definition unseres Zieles vorgestellt haben. So sind wir erfolgreich angekommen!

Aber oft gelingt uns das nicht, und wir sehen und müssen zugeben, dass das Resultat nicht unserem Zielbild entspricht. Das ist sicher enttäuschend, aber nicht so schlimm, denn unser Ziel brennt, und wir werden es weiter mit Leidenschaft und Kreativität verfolgen.

Wir überlegen es uns also erneut und kommen auf einen weiteren, zweiten Prozess, der zum gewünschten Resultat führen soll. Mit frischer Energie durchlaufen wir diesen neuen Prozess und vergleichen das Resultat mit unserem klaren, dreidimensionalen Zielbild. Stimmen die beiden jetzt überein, so haben wir unser Ziel erreicht. Nur zwei Anläufe und schon klappt es – tolle Sache!

Sollte das Resultat aber wieder nicht dem Zielbild entsprechen, so können wir – wie Sie sich vorstellen können – diesen Ablauf des fortlaufenden Experiments beliebig weiterführen. Bis zum Erfolg.

Außer in dem Falle, wo es sich bei der Wiederholung des Experiments herausstellen sollte, dass ein Bodenpunkt permanent fehlt, werden wir auf diese Weise in der Lage sein, jedes Ziel zu erreichen. Das bedeutet, wir geben nicht auf, sondern wir kreieren immer wieder aufs Neue einen weiteren möglichen Prozess, um – ausgehend und angetrieben von unserem erregenden Zielbild – an unser Ziel zu gelangen … bis es klappt!

Es wird zu einer Frage der Zeit, nicht zu einer Verzweiflung am jeweiligen Resultat.

Was braucht man, um immer wieder einen neuen Prozess zu kreieren, nachdem der vorherige erfolglos geblieben ist?

Zwei Dinge: Erstens muss das Ziel aus Vision kommen, denn nur so werden wir fortlaufend von unserer Leidenschaft, unserer Lust am Erreichen des Zieles angetrieben. Und zweitens muss das Zielbild absolut klar, konkret und messbar sein – als ob wir es bereits fertig vor uns sehen könnten. Dann klappt es.

Das ist genau die Weise, wie ein Erfinder vorgeht: Er wird nicht müde, ein Experiment nach dem anderen zu machen, bis die Erfindung vollbracht ist!

Es ist sogar möglich, dass bei gewissen großen Zielen der Verfolger dieses Zieles dessen Erreichen persönlich gar nicht mehr erlebt, weil es einfach zu lange dauerte. Aber die Erregung darüber, immer auf dem Weg zu diesem Ziel zu sein, und das Vertrauen, dass das Ziel eines Tages erreicht sein wird, treibt den leidenschaftlichen Verfolger so sehr an, dass er nicht aufhört, bis er stirbt. Forscher und Erfinder arbeiten auf diese Weise. Ihre Arbeit ist immer ein fortlaufendes Experiment, das schließlich zum Erfolg führt – wenn nicht heute, dann morgen.

Wir können unser Leben so einrichten.

Aus Vision klären Sie sich ein brennendes Ziel und verfolgen dieses gemäß dem fortlaufenden Experiment bis zur Erreichung. Das Rezept ist gegeben. Wir sind alle gescheit genug, um ein solches Rezept auszuführen. Weshalb gibt es so wenige Leute, die auf diese Weise vorwärtsgehen und ans Ziel kommen?

Noch wichtiger: Nachdem *Sie* dieses Rezept entdecken und kennen, was fehlt Ihnen oder was funkt Ihnen dazwischen, das Sie davon abhält, es konsequent in Ihrem Leben anzuwenden? Denn Sie werden sehen, die Tatsache, dass Sie das Rezept gelesen und verstanden haben, wird Sie nicht davor schützen, es beiseitezuschieben oder gar zu ignorieren.

Wie viele von uns geben unser Ziel schon nach dem ersten Versuch auf?

»Siehst du«, sagen wir, »es geht nicht.«

Oder noch perfider: Wir passen das Ziel dem Resultat an, das wir erreicht haben und sagen Dinge wie: »Och, das ist gut genug« oder »Das ist ja eigentlich, was ich wollte!«

Oder sogar: »Na schau, das ist ja noch besser als das, was ich wollte.«

Das ist zwar alles nicht wahr, aber wir fühlen uns damit besser, nachdem uns der erste Prozess nicht zum Ziel geführt hat.

Wir wollen uns hier aber eindeutig merken: Wenn es sich um ein Ziel aus Vision handelt, dann ist »gut genug« nie gut genug. Wir wollen, was wir wollen – und übernehmen die Verantwortung dafür. Wir wollen nicht etwas Ähnliches oder Minderes oder vermeintlich noch Besseres.

Wir haben uns für etwas aus Vision entschieden.

Wir verschreiben uns der Erreichung dieses Zieles und verfolgen es konsequent, sonst sind wir auf dem Amateurspielplatz und nicht in der Excellence-Arena.

Also, zurück zu unserer Frage: Was bringt uns davon ab, das fortlaufende Experiment bis zum Erfolg durchzuziehen?

Unser Zögern, das fortlaufende Experiment als Arbeitsbasis fortan anzunehmen, hängt an einer Annahme und einem Wunsch.

Die Annahme ist, dass der Prozess, den wir zur Erreichung unseres Ziels wählen, natürlich der richtige ist. Sonst würden wir ihn nicht wählen. Diese Annahme ist so transparent, so durchsichtig, dass wir sie nicht bemerken und deshalb nicht hinterfragen. Da es uns so klar ist, dass dieser Prozess der richtige ist, sind wir eher gewillt, am Resultat als am Prozess zu rütteln. Daher die Anpassung des Resultats an das Ziel.

Und der Wunsch? Der Wunsch ist der bekannte, uns herzensnahe Wunsch nach Sicherheit. Denn wie Sie jetzt wissen: Eine »Wahrheit« will weiter wahr bleiben. Sie haben den Prozess als den richtigen gewählt, haben dadurch für sich die »Wahrheit« geschaffen, dass er in der Tat der richtige ist, und jetzt soll es unbedingt wahr bleiben, dass er – ungeachtet der Tatsache, dass er nicht zum Resultat führt – der richtige Prozess ist!

Wenn eine Wahrheit wahr bleibt, dann sind wir nicht mehr beunruhigt und fühlen uns nicht unsicher. Sie ist eine feste Sache, auf die man sich verlassen kann. Auch wenn sie unangenehme Nebenwirkungen mit sich bringt oder uns gar das Erreichen eines brennenden Zieles unmöglich macht – sie ist dennoch berechenbar und zuverlässig. Und das gibt uns das Gefühl der Sicherheit, das uns so teuer ist, dass wir von dieser Wahrheit nicht loslassen wollen. Eine Tragödie, die wir willens sind zu leben, nur um die Sicherheit, die es ja nicht gibt, zu haben!

Aber um in Excellence zu leben, um immer wieder Ihre Ziele zu erreichen, müssen Sie sich im Loslassen üben. Die Annahmestruktur will nicht, dass Sie loslassen.

»Viel zu gefährlich!«, brüllt sie – aber das Ziel verlangt es. Letztendlich müssen Sie sich entschließen, was Ihnen wichtiger ist. In *Excellence* zu leben bedeutet unter anderem, dass das Einzige, was zählt, das Erreichen des Zieles ist.

Wenn ein Ziel nie aufgegeben wird, nur weil es noch nicht erreicht wurde, so gibt es doch vier mögliche Umstände, die ein Aufgeben des Ziels sinnvoll machen:

1. Wenn man auf dem Weg zum Ziel feststellt, dass ein Bodenpunkt zu seiner Erreichung permanent fehlt, wird das Ziel aufgegeben.
2. Wenn man auf dem Weg zum Ziel ein anderes, bisher unbekanntes, aber noch brennenderes Ziel entdeckt, wird das Ziel aufgegeben und durch das neue, brennendere ersetzt.
3. Wenn man so viele Prozesse durchgegangen ist, dass es nicht mehr wert ist, weiterzumachen (zum Beispiel, wenn das Erreichen des Ziels teurer zu stehen kommt, als der Profit, den man durch das Ziel erreichen kann), dann macht es keinen Sinn, das Ziel weiter zu verfolgen. Es wird aufgegeben.
4. Wenn das Ziel an eine Frist gebunden ist und diese nicht eingehalten werden kann, macht es keinen Sinn, das Ziel weiter zu verfolgen. Es wird aufgegeben.

Außer unter diesen Umständen schreiten wir weiter, denn ein Ziel aus der Vision brennt.

Modelle dafür sind Forscher und Erfinder, die außerordentliche Beispiele dieser Denk- und Handlungsweise bilden. Nach dem Schema des fortlaufenden Experiments können sie ehrlich und zuversichtlich sagen: »Es hat *noch nicht* funktioniert.« Sie sagen nicht: »Es geht nicht!« Sie wissen, dass es eines Tages klappen wird, denn vorher geben sie nicht auf.

Oder wie meine Frau oft ermunternd sagt: »Ein Teil des Findens ist das Nichtfinden.«

Nicht finden, nicht geklappt haben – das bedeutet nicht das Ende der Suche, sondern das offene Tor zu weiteren Möglichkeiten, nachdem einige Sackgassen schon eliminiert sind.

Diese optimistische, lösungsfokussierte Haltung, dass ich es zum Gelingen bringen werde, ist ein selbstverständlicher Teil des Lebens aus Vision – ein Ausdruck von *Excellence*.

Kapitel 11
Von Egoismus zu Verantwortung

Sie klingt so verlockend, so unwiderstehlich, diese Welt von Wollen, Wünschen und Möglichkeiten.

»Wo kann ich mich anmelden? Wo kann ich unterschreiben?«, fragt etwas in Ihnen voller Erregung und Vorfreude. Und doch regt sich vielleicht sogleich etwas anderes in Ihrem Unterbewusstsein.

Ein lästiges Gefühl des Unwohlseins taucht auf und eine mahnende Stimme macht sich bemerkbar mit den Fragen: »Wenn du immer das verfolgst, was du willst, ist das nicht egoistisch von dir? Willst du wirklich immer auf dich schauen? Was ist dann mit den anderen? Gibt es nicht Pflichten und Aufgaben zu erfüllen, die du vielleicht nicht gerne tust? Also, einfach immer zu sagen *Ich will, ich will…, das ist doch kindisch und egoistisch.«*

Das ist die Stimme der Annahmestruktur. Sie hört etwas Tolles, Interessantes, Aufregendes, und dann legt sie los mit ihrem endlosen Versuch, Sie vor Neuem, Unbekanntem, vielleicht gefährlichen Handlungen zu bewahren und Sie dazu zu zwingen, alte, eingefahrene Regeln aus der Kindheit zu befolgen.

Am Ende wiederholt sie immer »Ich will, ich will … das ist doch kindisch«, und so wie *sie* es darstellt, stimmt das.

Damit untergräbt sie die legitime Frage, mit der sie begonnen hat: »Ist ein Leben in der Welt von Wollen, von Wünschen und Möglichkeiten egoistisch?«

Es lohnt sich, diese Frage genauer anzuschauen. Gemäß der Erziehung der meisten von uns wäre ein Leben in der Welt von Wollen eine fragwürdige Schlussfolgerung all dessen, was uns beigebracht wurde.

Fangen wir von hinten an, bei der letzten Aussage.
»Ich will, ich will!« klingt bestimmt kindisch.

Wieso das? Weil einfach »Ich« und »will« so nackt dastehen – ohne weitere Gedanken. Es ist bloß ein Ausdruck des Wollens, hinausgeschleudert ohne Verantwortung. Und das definiert ja die Position eines Kindes. Ein kleines Kind hat nicht die volle Verantwortung für sich selbst und kann sie auch noch gar nicht übernehmen. Das Kind »will« und ein anderer muss es entweder erlauben oder »liefern«.

Im Gegensatz dazu haben wir als Erwachsene aber die volle und ganze Verantwortung für uns selbst, für alles, was wir denken, sagen, tun und lassen. Und das ist der springende Punkt, der alles ändert.

Wie wir im ▶Kapitel 3 gesehen haben, mit unserem Recht auf Leben – nachdem es uns geschenkt wurde – haben wir auch das Recht auf die Verfolgung unseres eigenen Glücks.

Es steht uns frei, alles, was uns glücklich macht, zu wollen, doch mit dieser Freiheit kommt auch unsere volle Verantwortung, dafür geradezustehen und das Nötige zu tun, damit es auch so wird.

Das heißt, als erwachsener Mensch übernehmen wir die volle Verantwortung für unser Wohlergehen. Wir erwarten nicht wie Kinder – und leider wie viele groß gewordene, aber noch nicht wirklich erwachsene Leute –, dass jemand für unser Wohl sorgen muss und dass jemand – außer uns selbst – für unser Glück zuständig ist.

Für ein Kind ist dies eine passende Haltung. Für einen Erwachsenen ist es jedoch eine Zumutung, andere Leute für unser Glück verantwortlich zu machen. *Das* wäre egoistisch! In der Tat ist es die *erste* Verantwortung des erwachsenen Menschen, auf sein Wohl zu schauen – aber nicht die einzige!

Man kann natürlich mit Verantwortung sein Glück auf verschiedene Weisen verfolgen. Unter anderem auch egoistisch. »Ich schaue zu, dass ich meines bekomme, und was mit dir passiert, interessiert mich nicht.« Das Ziel wäre legitim, die Art und Weise aber egoistisch. Und für uns ist das eine Sackgasse.

Denn hier, in der Domäne von Excellence, in der Domäne von Vision, streben wir etwas anderes an. Aus Vision wollen wir immer *etwas Positives, das in der Welt etwas Positives schafft.* Damit ist Egoismus ebenso wie Altruismus ausgeschlossen.

Wir wollen also unsere Verantwortung für unser Wohlergehen mit der begleitenden Verantwortung für das Wohlergehen anderer übernehmen. Wir erfüllen unsere Vision erst dann, wenn wir sie auf wohlwollende Weise nicht nur uns, sondern auch unseren Mitmenschen gegenüber ausleben.

Das Fazit unserer Auseinandersetzung mit der Frage nach Egoismus wird jetzt klar. Die erste Verpflichtung des Menschen ist, dafür zu sorgen, dass es *ihm* gut geht, denn erstens: Wenn wir nicht auf unser eigenes Wohl schauen, werden wir auf anmaßende Weise erwarten, dass jemand anderes uns das liefert, was wir wollen. Zweitens: Nur wenn es uns gut geht, können wir für andere da sein, um ihnen zu helfen, sie zu unterstützen und sie zu fördern.

Die Welt des Wollens ist also keineswegs eine Welt des Egoismus, sondern die Welt der Verantwortung!

Schon vor 1500 Jahren drückte dies Rabbi Hillel in den Kommentaren zum Alten Testament eindeutig aus:

»Wenn ich nicht für mich bin,
wer ist dann für mich?
Wenn ich aber *nur* für mich bin,
was bin ich dann?
Und wenn nicht jetzt, wann dann?«

Kapitel 12
Klarheit – Das A und O unserer Arbeit

Im vorigen Kapitel haben Sie sich Klarheit über die wichtige und heikle Frage des Egoismus geschaffen. Anhand dieser gewonnenen Klarheit beginnen Sie hoffentlich zu bemerken, dass, wenn alles klar wäre, Sie gar keine Grenzen und keine Probleme hätten. Sie würden einfach Prozesse, Abläufe und Handlungen durchführen, die zum Ziel führen.

Immer, nachdem ein Problem gelöst ist, ist es klar und einfach, und Sie wundern sich, dass Sie es nicht schon vorher klar gesehen haben. Aber das liegt in der Natur der Sache. Grenzen und Probleme bedeuten immer Nebel und Unklarheit, die Sie zu durchbrechen haben.

Deshalb wollen wir unseren Fokus jetzt auf einige Feinde eben dieser Klarheit richten und schauen, wie wir sie erkennen, ertappen und entmachten können, bevor sie uns im Nebel umherwirbeln. Wir beginnen mit dem Begriff »Geschichte«.

Geschichte

Geschichte heißt das »Drum und Dran« einer Sache. Sie ist nicht die Sache selbst, sondern immer das, was an der Sache hängt, was mit der Sache einhergeht, was die Sache bekleidet oder vertritt. Geschichte ist das, was man *über* die Sache erzählt.

Die schöne Verpackung eines Geschenks, die nichtssagende Rede eines Politikers, die Speisekarte – dies sind alles Beispiele von *Geschichten.* Die Speisekarte hat wohl etwas mit dem Essen zu tun, jedoch wird man beim Lesen nicht satt. Talentierte Politiker können viel reden, ohne »etwas« gesagt zu haben, und die Geschenkverpackung ist zwar nett, aber völlig belanglos in Bezug auf den Inhalt. Das Geschenk selbst ist die Sache, ob es verpackt oder unverpackt dasteht.

Es ist ein Unterschied, ob man *über* etwas spricht oder ob man über *etwas* spricht

Kurz und einfach gesagt: Am Biertisch oder beim Kaffeeklatsch spricht man meist *über* etwas. Wenn man im Geschäft steht, um ein Paar Schuhe zu kaufen, spricht man über *etwas.*

Die Fähigkeit, den Kernpunkt, die Sache vom »Drum und Dran« zu isolieren, ist unentbehrlich, um Grenzen zu überwinden. Wenn eine Grenze in eine Geschichte eingebettet ist, kann man die Grenze nicht überwinden, bis der Nebel der Geschichte gelüftet ist. Ein Problem können Sie nicht auf der Ebene einer Geschichte lösen.

Nur hat das Geschichtenerzählen leider gewisse Vorteile, die uns davon abhalten, loszulassen. Zu Beginn ist es so unterhaltsam bei Kuchen und Tee – wo es auch hinpasst. Aber einschneidender ist es, dass, solange man *über* die Sache spricht, man das *Gefühl* hat, etwas in der Sache gemacht zu haben. Hinzu kommt, dass man, solange man darüber denkt und spricht, keine Verantwortung dafür übernehmen muss, in der Sache in der Tat etwas zu TUN.

Deshalb ist das Geschichtenerzählen in Meetings und Konferenzen so beliebt. Wissenschaftliche Studien zeigen, dass zum Beispiel Kammermusiker bei der Probe 60 Prozent der Zeit mit Geschichten *über* das Spielen verbringen! Nur 40 Prozent der Zeit wird mit Proben verbracht!

Üben Sie sich im Erkennen von Geschichten, wenn Sie einen Zeitungsartikel lesen, einen Fernsehbericht hören, einer Konversation zwischen anderen Leuten lauschen. Geben Sie sich Mühe, die Kernsache aus dem Wortschwall zu isolieren, sodass Sie den Punkt, um den es geht, in einem oder zwei Sätzen wiedergeben könnten. Geschichten sind einfacher zu erkennen, wenn andere sie erzählen. Bei sich selbst bemerken Sie sie erst, wenn Sie etwas Übung haben, denn Ihre Fähigkeit, sich selbst zu täuschen, ist groß.

Na ja, unsere Annahmestruktur ist bereits mit längeren Geschichten vertraut. »Es war einmal ...« ist ja unser Muster.

Interessanterweise gibt es auch sogenannte Einwort-Geschichten. Die sind besonders tückisch und gefährlich, denn sie schleichen sich an und rutschen an unserem Annahmestrukturfilter vorbei, weil wir bei einzelnen Begriffen nicht so auf der Hut sind.

Stellen Sie sich vor, Ihr Freund kommt zu Ihnen und bittet Sie: »Sag mir doch bitte, wie du das machst, dass du so erfolgreich bist.«

Oh, so eine Frage beantworten wir alle gerne, und dann fangen wir an von Leitsätzen und Methoden zu sprechen, die für uns von Bedeutung sind, die uns unterstützt haben, beruflich das zu erreichen, was wir erreicht haben.

Und wie fühlen wir uns dann, wenn unser Freund sagt: »Schon gut, schon gut, aber eigentlich wollte ich wissen, wie du es fertigbringst, dass dein Rasen so viel grüner ist als meiner.«?

Erfolg ist eine Einwort-Geschichte. Sie haben darunter etwas verstanden, das nicht gemeint war, und Sie waren eifrig dabei, seine Frage zu beantworten, das »Problem« zu lösen, ohne genau, konkret, spezifisch zu wissen, was Ihr Gegenüber mit »erfolgreich« meint. Sie hätten diese Verwirrung leicht vermeiden können durch die einfache Klärungsfrage:

»Was meinst Du konkret mit erfolgreich?«

Auf der Ebene einer Geschichte gibt es eben keine Lösung, weil Sie nicht wissen, um was es konkret geht oder wovon Ihr Gegenüber spricht.

Noch ein Beispiel:

Ihr Kind kommt aus der Schule nach Hause und fragt: »Mama, wo komme ich eigentlich her?«

Oh je, jetzt ist der lange erwartete und befürchtete Moment der Aufklärung da. Und ausgerechnet jetzt sind Sie alleine zu Hause. Sie fangen also sachte an, von den Bienen und den Blüten zu erzählen und gelangen dann zu: »Und wenn Mama und Papa einander ganz fest liebhaben, dann ...« Ihr Kind unterbricht Sie mit den Worten: »Ja, ja, Mama, das weiß ich schon, aber der Lehrer hat heute gefragt, wo wir herkommen, und der Fritz kommt aus Basel. Wo komme ich her?«

Bis Sie wissen, was mit »Wo komme ich her?« gemeint ist, können Sie die Frage nicht beantworten. Mama hätte ebenso gut sagen können: »Ja, aus der Schule kommst du, Schatz.«

Das wäre auch eine passende Antwort gewesen, aber in diesem Fall trifft nur der Heimatort das, was gefragt wurde.

Mama hätte fragen müssen: »Meinst du, wo du jetzt gerade herkommst? Oder wo wir vorher gewohnt haben? Oder wo du geboren bist? Oder wie du in diese Welt gekommen bist?« Dann hätte der Junge geantwortet: »Ich will wissen, in welcher Stadt ich geboren wurde.«

Das sind zwei offensichtliche, einfache Beispiele, denn, wie schon gesagt, jedes gelöste Problem, jede beantwortete Frage ist im Nachhinein einfach. Manchmal muss man sogar darüber lachen, dass man diese Frage oder dieses Problem hatte. Zudem wiegen diese Beispiele jetzt nicht schwer auf der Lebenswaage.

Aber stellen Sie sich vor, Sie stehen vor einem Problem im Geschäft – ein Problem, das schon viel Zeit, Arbeit und Geld verschlungen hat, ein Problem, dessen Lösung viel Gewinn bringen wird – und Sie merken nicht, dass das Ganze in einer Einwort-Geschichte stecken geblieben ist.

Oder noch gravierender: Stellen Sie sich vor, Sie erleben die traurige Situation, dass die Person, die Sie über alles in der Welt lieben, Ihnen sagt:

»Ich will nicht mehr mit dir sein. Es ist mir klar geworden, dass du mich nicht mehr liebst.«

Sie können protestieren, wie Sie wollen, Beweise anführen, wie Sie nur können: Nichts wird einen Unterschied machen, bis Sie dahinterkommen, was Ihre Liebste oder Ihr Liebster mit der Einwort-Geschichte »Liebe« meint.

Und das wird nicht so einfach sein, denn obwohl wir über Jahrhunderte von Liebe sprechen, dichten und singen, haben die Menschen noch keine stichhaltige Definition für »Liebe« gefunden, die immer dann, wenn wir von Liebe sprechen, für alle gleichermaßen konkret zutrifft.

An diesem Beispiel sehen Sie bestimmt, wie wichtig es ist, zu wissen, dass Sie Einwort-Geschichten hinterfragen müssen, um ans Ziel zu kommen.

Denn genau wie »Erfolg«, »Wo-komme-ich-her« und »Liebe« sind alle *abstrakten* Begriffe Einwort-Geschichten. Wenn Ihnen bewusst wird, wie unterschiedlich diese Einwort-

Geschichten unter Menschen gleicher Sprache verstanden werden können, ist es eigentlich ein Wunder, dass wir uns so gut verstehen, wie wir uns verstehen.

Sie können sich viel Gutes tun und unglaublich viel Unheil vermeiden, wenn Sie in Zukunft erst dann anfangen zu diskutieren, wenn Sie konkret wissen, um was es eigentlich geht.

Jetzt wissen Sie einiges über die Existenz von Geschichte und Einwort-Geschichten in unserer Kommunikation (auch mit uns selbst), und Sie haben den großen Vorsprung und Vorteil, dass Sie sie erwischen und hinterfragen können, bis Sie auf den Kern der Sache kommen, das heißt, die spezifische, konkrete Sache. Üben Sie, üben Sie, um ein Meister im Geschichtenerkennen zu werden. Viel Spaß dabei!

Unterscheidung

Die Fähigkeit A von B zu unterscheiden, ist unerlässlich, um Klarheit zu schaffen. Sie haben es sicher schon selbst erlebt, wie auf einmal etwas klar wird, wenn man aus dem Mischmasch, der sich präsentiert, die einzelnen Komponenten voneinander trennt. Juristen und Ärzte tun das.

Andererseits ist es ein Merkmal von Menschen mit einem niedrigen Intelligenzquotienten, dass sie Schwierigkeiten haben, Dinge, die verbunden zu sein scheinen, auseinanderzuhalten. Für sie ist alles eins.

Gewisse Dinge werden sogar erst dann sichtbar bzw. werden erst dann ins Leben gerufen, wenn wir die nötigen Unterscheidungen machen können. Das heißt, wir müssen eine Sache so gut kennen, dass sich die Unterschiede herauskristallisieren.

Denken Sie an Schnee. Ob Sie Schnee lieben oder eher als Hindernis empfinden: Sie werden kaum an mehr als vier bis fünf verschiedene Schneearten wie zum Beispiel Pulverschnee, Neuschnee, Nassschnee oder Matsch denken können. Die existieren für uns.

Eskimos aber kennen 24 Arten von Schnee – so wird berichtet. Wie kommt das? Sie haben zwar mehr Schnee als wir, aber gibt es bei ihnen anderen Schnee als bei uns? Nein, sie machen einfach viel feinere Unterscheidungen, wenn sie Schnee betrachten, weil er solch eine bedeutungsvolle, praktische Rolle in ihrem Leben spielt.

Wenn Sie Kühe auf der Weide sehen, bemerken Sie vielleicht deren Farbe, Größe, und möglicherweise ob es Kühe oder Bullen sind. Aber der Bauer kennt jede mit Namen und kann mit jeder spezifisch umgehen.

Was ist der Zweck feiner Unterscheidungen? *Je feiner die Unterscheidung, desto größer die Möglichkeit, Einfluss zu nehmen.* Je größer der Einfluss, den wir nehmen können, desto größer die Möglichkeit, etwas zu bewirken, um eine Schwierigkeit zu beheben, wodurch wir unser Ziel erreichen können.

Der Eskimo muss mit den Problemen, die Schnee mit sich bringt, ständig effizient umgehen können, denn er ist eben stets davon umgeben. Damit er sein Ziel erreichen kann, macht er also feinere Unterscheidungen in der Domäne von Schnee, als wir das tun. Der Bauer muss mit jeder seiner Kühe passend umgehen können. Um sein Ziel zu erreichen, macht er deshalb feinere Unterscheidungen in der Domäne der Kühe, als der Wanderer es tut.

Ein Arzt stellt dem Patienten immer weitere, spezifischere Fragen zu seinen Beschwerden – deshalb: klärende Fragen – und macht somit immer feinere Unterscheidungen, bis sich die Diagnose zeigt. Juristen vor Gericht tun dasselbe.

Dinge hinterfragen zu können, um die feinstmöglichen Unterscheidungen hervorzubringen, ist eine Kunst, eine Lebensposition, die Sie sich aneignen müssen, um Grenzen zu überwinden.

Im englischen Sprachraum sagt man: »The devil is in the details«, im Deutschen: »Der Teufel steckt im Detail«. Aber Details sind nur dann teuflisch, wenn man sie nicht erkennt. Gewöhnen Sie sich daran, die Einzelheiten zu unterscheiden und zu bemerken. Wie in dieser folgenden Geschichte …

Mitten in der Nacht fuhr ein Mann nach Hause. Es war gegen Mitternacht, es herrschte ein Schneegestöber und es war eiskalt. Plötzlich spuckte der Motor und das Auto blieb stehen. Er versuchte vergeblich, den Wagen wieder anzulassen. Da stellte er fest, dass er glücklicherweise vor einer Autowerkstatt zum Stehen gekommen war. Es war bitterkalt, kein

Mensch war auf der Straße, es war vor der Zeit der Handys, und der Mann hatte Angst, er könnte erfrieren.

Mit viel Mut ging er zur Werkstatt und klingelte. Oben wurde ein Fenster geöffnet und der Mechaniker schaute erbost auf den Mann herunter. Auf das Flehen des Mannes hin kam der Mechaniker und schaute sich den Motor an.

»Lassen Sie ihn an!«, sagte er dem Mann. Der tat es, aber der Motor sprang nicht an. Daraufhin nahm der Mechaniker einen Hammer und schlug einmal gezielt auf den Motor. *Peng!*

»Starten Sie noch mal«, sagte er zum verzweifelten Autofahrer, der schon Angst hatte, sein Motor sei jetzt noch mehr beschädigt. Aber unglaublicherweise sprang der Motor an.

»Oh, vielen Dank! Sie haben mich gerettet. Was schulde ich Ihnen für Ihre Arbeit?«, fragte der Autofahrer.

»Hundertzweiundsiebzig Euro«, antwortete der müde Mechaniker.

»Was?! Ich bin Ihnen ja äußerst dankbar für Ihre Hilfe, glauben Sie mir. Aber hundertzweiundsiebzig Euro scheint mir doch etwas viel für einen Schlag mit dem Hammer auf den Motor«, entgegnete der Mann.

Der Mechaniker erwiderte mit ruhiger Bestimmtheit: »Der Hammerschlag kostet zwei Euro – gewusst, wohin zu schlagen ist, kostet hundertsiebzig Euro.«

Draufhauen kann jeder. Es tun auch viele – und wundern sich, warum es nicht läuft.

Aber diese Geschichte zeigt die Wichtigkeit des »Gewusst wie« oder »Gewusst wo.« Erfahrung, verbunden mit »sich wundern« und das, was sich präsentiert, zu hinterfragen, erlaubt uns, immer feinere Unterscheidungen zu machen.

Auf Ihrem eigenen Berufsgebiet werden Sie wohl die feinsten Unterscheidungen machen. Wie unterscheidet sich A von B? Bleiben Sie auf dieser Suche immer wach. Was Sie erleben werden, wenn Sie das tun, ist die ungeheure Macht, die Sie haben, durch Ihre Klarheit etwas Positives zu bewirken.

Ursache-Wirkung

Die Verbindung von Ursache und Wirkung ist vielleicht der größte »Klarheitsfresser« in unserem Inventar, mit dem wir die Verantwortung zu vermeiden suchen. Andererseits aber lieben wir die Geschichte von Ursache-Wirkung ganz besonders, weil sie uns ein Gefühl von Sicherheit vermittelt. Man fühlt sich besser, wenn man »weiß« warum etwas geschehen ist.

Nach jedem Unglück wird intensiv und eifrig nach der *Ursache* gesucht. Rettungsmanöver werden gestartet, um zum Beispiel die Black Box zu finden, damit wir den Grund herausfinden können, weshalb das Flugzeug abgestürzt ist.

Unsere Annahmestruktur kann von ihrer hohen Alarmspannung endlich herunterkommen und sich ein bisschen beruhigen, wenn wir die Black Box gefunden haben. Wir wissen jetzt, wieso das tragische Ereignis passiert ist. Gott sei Dank!

Aber dieses Wissen verbessert nicht viel. Die, die leider tot sind, sind immer noch tot, die Verletzten sind immer noch verletzt. Aber wir fühlen uns besser.

Wieso packt uns diese Verbindung von Ursache-Wirkung so sehr?

Erstens, weil wir Menschen uns so sehr nach Sinn sehnen. Ganz tief in uns sitzt der Wunsch, dass unsere Welt Sinn macht und dass wir nicht in einer sinnlosen, zufälligen Existenz gefangen sind. Das reine Wissen um den Lauf der Dinge schützt uns vor dem beängstigenden Gefühl der Willkür.

Und dann kommt eben noch die Hoffnung dazu, dass wir, wenn wir die Ursache identifiziert haben, etwas unternehmen können, um eine Wiederholung der Tragik zu vermeiden. Wir könnten uns vor dem Unheil schützen.

Ja, natürlich, können solche Ursachenforschungen behilflich sein, um durch eine Hypothese in Zukunft etwas Negatives zu vermeiden. Vielleicht. Aber in der Sache selbst helfen sie nicht.

Nach dem medizinischen Modell, mit dem wir schon lange leben und bestens vertraut sind, kann man die Gesundheit wiederherstellen, wenn wir den Krankheitsauslöser verstehen.

Dieses Modell hat sich dort als sehr nützlich erwiesen, wo es in der Forschung bewusst angewendet wurde. Es ist aber nur so weit nützlich, als wir uns im Klaren sind – und die harten Wissenschaftler sind sich dessen bewusst –, dass Ursache-Wirkung nur ein Modell, nur eine Möglichkeit, nur ein Vorgehensprozess ist, um zu einer Lösung zu kommen. Aber eine wahre, stichhaltige Verbindung ist sie nicht.

Ursache-Wirkung gibt es nicht. Es gibt nur Zusammenhänge und Einflüsse.

Ich wiederhole: Nein, die Verbindung zwischen Ursache und Wirkung gibt es nicht wirklich, ganz gleich wie fest Ihre Annahmestruktur spuckt und rebelliert. Es gibt nur Zusammenhänge und Einflüsse.

So schwer das auch für uns zu akzeptieren ist, wollen wir es erläutern und verstehen, denn diese Klarheit ist unabdingbar, um Grenzen zu überwinden.

Lassen Sie für einen Moment von Ihrer Position los und folgen Sie mir. Sie werden es verstehen und sogar dankbar dafür sein, wenn diese Erkenntnis sitzt.

Gleich zu Beginn wollen Sie bemerken, dass der Begriff Ursache-Wirkung in der Einzahl, im Singular, steht. Wir sprechen hier von einer Ursache und einer Wirkung, nicht von Ursach*en* und Wirkung*en*. Das bedeutet, für je *eine* Ursache kann es nur *eine* Wirkung geben. Die Wirkung kann nicht variieren, nicht abweichen, sonst wäre die Ursache nicht die Ursache dieser Wirkung. Dasselbe gilt umgekehrt: Für eine Wirkung kann es nur eine Ursache geben, obwohl gerne von Multikausalität gesprochen wird. Denn wenn es mehrere Ursachen gäbe, wüssten wir nicht, was die Ursache ist. Die Verbindung muss intakt bleiben, sonst ist sie keine Verbindung, sondern nur eine Möglichkeit. Ursache kann es also nur im Singular geben. Und den Fall, dass etwas nur *eine* Ursache hat, gibt es nicht.

Nehmen wir ein praktisches Beispiel. Wenn Sie sich Ihre Finger an der Herdplatte verbrennen, sagen Sie gleich:

»Aua, ich habe meine Finger verbrannt, weil ich die Herdplatte angefasst habe.« Das wäre Ursache-Wirkung-Denken und klingt im ersten Moment plausibel.

Aber die Aussage stimmt nicht ganz – das heißt, die Ursache-Wirkung-Verbindung ist nicht stichhaltig. Denn wäre die Platte nicht eingeschaltet und somit nicht heiß gewesen, so hätten Sie sich Ihre Finger nicht verbrannt, als Sie sie anfassten. Wäre umgekehrt die Platte heiß gewesen und Sie hätten sie nicht angefasst, so hätten Sie sich Ihre Finger auch nicht verbrannt. Wie Sie hier leicht erkennen können, besteht ein Zusammenhang, ein gegenseitiger Einfluss zwischen der Hitze der Platte und der Position Ihrer Finger. Aber es besteht kein *ursächlicher* Zusammenhang.

Ihre Annahmestruktur ist jetzt aber missgestimmt. »Haarspalterei! Natürlich muss die Herdplatte heiß gewesen sein, *und* ich musste dann meine Finger daraufgelegt haben, um meine Finger zu verbrennen! Das ist doch klar!« Und dies stimmt auch.

Aber – und das ist entscheidend zu verstehen – jetzt können wir nicht mehr von Ursache-Wirkung sprechen, denn wir haben jetzt zwei Ursachen für eine Wirkung. Und das gibt es ja nicht. Das sind eben Einflüsse und Zusammenhänge, aber es ist keine Ursache!

Die Herdplatte muss heiß sein *und* ich muss meine Finger drauflegen, um die Verbrennung herbeizuführen. Eines allein reicht nicht und kann nicht allein die Ursache sein. Einflüsse: ja! Zusammenhänge: ja! Ursache: nein!

Einflüsse und Zusammenhänge gibt es wohl, aber keine Ursache-Wirkung.

Ein anderes Beispiel: Ich komme von draußen herein und bin nass. Dann sage ich: »Ich bin nass, weil es regnet.« Das ist aber auch keine Ursache-Wirkung, denn – und Sie können das jetzt selber auseinandernehmen – es kann noch so stark regnen: wenn Sie nicht hinausgehen, werden Sie nicht nass! Sie können aber auch hinausgehen, ohne nass zu werden, wenn es nicht regnet. Mit einem Schirm können Sie sogar im Regen hinausgehen und nicht nass werden. Also besteht ein Zusammenhang, ein gegenseitiger Einfluss zwischen Ihrem Standort, dem Regen und dem Schirm. Aber keiner davon ist die *Ursache*.

Wir alle kennen Zeitungsartikel und sogar wissenschaftliche oder gerichtliche Abhandlungen, die erklären, dass es verständlich sei, dass Herr XY seine Kinder misshandelt hat, weil er selbst ein misshandeltes Kind war. Kinder, die Misshandlung erlebt haben, werden anscheinend zu Erwachsenen, die Kinder misshandeln. Versteht sich ja!

Und leider stimmt das oft, denn misshandelt zu werden, hat einen großen Einfluss im Leben eines Kindes. Aber die Misshandlung des Kindes in der Vergangenheit ist nicht die *Ursache* der Misshandlung seiner Kinder in der Gegenwart. Wenn das so wäre, müsste jedes Kind, das misshandelt wurde, seine eigenen Kinder misshandeln. Und das ist ja nicht so. Die Vergangenheit der Misshandlung hat wohl einen Einfluss – vielleicht sogar einen starken Einfluss –, aber sie kann nicht Ursache sein.

Kennen wir nicht auch Eltern, die als Kinder misshandelt wurden, jedoch besonders behutsam mit ihren eigenen Kindern umgehen?

Und somit kommen wir zum springenden Punkt. Wenn es keine Ursache gibt, woran liegt es dann, dass aus der gleichen Misshandlungs-Situation einmal weitere Misshandlung und ein anderes Mal Zärtlichkeit kreiert wird?

Es hängt einzig und allein an der *Entscheidung*, die die Betroffenen jeweils getroffen haben, *mit* den Einflüssen und Zusammenhängen, die bei ihnen eine Rolle spielen. Es ist nicht eine Entscheidung *wegen* oder *trotz* oder *gegen* die Einflüsse, sondern es ist eine Entscheidung *mit* den Einflüssen.

Und dafür wollen wir, wie ich bereits sagte, dankbar sein, denn wenn es Ursache gäbe, hätten wir keine Verantwortung und somit auch keine Freiheit.

Stellen Sie sich vor, alles würde Ursache-Wirkung unterliegen – und wir können es nicht manchmal gelten lassen und manchmal nicht. Entweder ist es so oder es ist nicht so.

Das würde bedeuten, dass wir keine Wahl treffen könnten. Alle Wirkungen wären aus den vorhergehenden Ursachen vorgegeben. Es wäre, als ob wir zu Beginn irgendeinen Impuls bekommen hätten, der der Auslöser der ersten Wirkung wäre, die wiederum zur nächsten Ursache wird für die nächste Wirkung, und so weiter – bis heute, wo Sie dieses Buch jetzt in Ihren Händen halten. Wie könnte das sein?

Ihr Leben wäre eine vorhersehbare Reihe von Ursache-Wirkung, basierend auf dem Impuls. Aber so empfinden Sie Ihr Leben nicht, und so ist es auch nicht. Sie haben sich doch öfters mit einer Entscheidung gequält, oder Ihnen ist immer wieder etwas Unerwartetes über den Weg gekommen, das Sie dazu veranlasst hat, eine Kursänderung vorzunehmen. *Sie* haben sich entschlossen; *Sie* haben einen anderen Pfad eingeschlagen. Ursache-Wirkung war es nicht.

Alleine der akademischen Ehrlichkeit halber will ich festhalten, dass es Freiheit nur geben kann, wenn es keine Ursache gibt. Und diese Freiheit, die wir so hochhalten und wertschätzen und uns bewahren wollen, verlangt von uns Verantwortung – Verantwortung für die Entscheidung *in jedem Moment!*

Schauen Sie all die Einflüsse auf Ihr Leben seit Ihrer frühesten Kindheit an und erkennen Sie, dass Sie *mit* diesen Einflüssen und *mit* diesen Zusammenhängen am heutigen Tag angekommen sind und nicht *wegen* diesen Einflüssen. Sie haben sich auf Ihrem Lebensweg immer wieder so oder so entschieden.

Und so können Sie sich nun fragen: »Was will ich jetzt?«, »Was will ich, dass jetzt geschehen soll?«

Diese Frage ist nur möglich, wenn Sie der Agierende in Ihrem Leben sind und nicht durch Ursache-Wirkung bestimmt werden, sondern wenn Sie aus Freiheit und mit Verantwortung von Moment zu Moment entscheiden können, was Sie wollen. Das aus Vision gelebte Leben ist eine fortlaufende Kreation von Moment zu Moment – immer basierend auf der Frage: »Was will ich?« Und darauf erfolgt Ihre Entscheidung für das, was Sie wollen!

Einflüsse und Zusammenhänge haben wohl etwas mit unserem Lebensstandort zu tun, aber bestimmend sind sie nicht. Nur die Entscheidung ist bestimmend. Und zwar immer wieder und in jedem Moment. Jeder Moment ist ein Moment der freien Entscheidung. Somit ist Ihre absolute Verantwortung und damit Ihre absolute Freiheit gegeben.

An dieser Stelle werden Sie möglicherweise fragen: »Und wie steht es mit der Vorbestimmung? Sind wir wirklich frei zu entscheiden? Ist nicht alles schon durch das Schicksal entschieden?«

Vorbestimmung ist eine weitere, von uns Menschen geliebte Idee, um Verantwortung zu meiden oder minder gelungene Resultate zu rechtfertigen.

Vorbestimmung ist, ebenso wie die Wirklichkeit, für uns nicht greifbar.

Wir Menschen können nicht ausschließen, dass es möglicherweise eine bestimmte Wirklichkeit gibt (siehe ▶ Kapitel 6), ebenso wie wir, wenn wir wollen, die Meinung hegen können, dass alles vorbestimmt ist – dass es also ein Schicksal gibt.

Aber – und das ist ein großes *Aber* – als Menschen haben wir, so wie wir geschaffen sind, keinen Zugang dazu, der uns erlauben würde, sie als *die* Wirklichkeit zu erkennen. Somit existiert sie, praktisch gesehen, für uns nicht. So auch die Vorbestimmung.

Da wir keinen Zugang dazu haben, ist die Frage danach strittig und nutzlos. Bis zu dem Moment, da die Vorbestimmung oder das Schicksal sich neben uns setzt und uns ins Ohr flüstert »Tu jetzt das, lass jetzt das, nimm lieber jenes«, müssen wir uns schon selbst entscheiden.

Nun, es ist hier aus ganzheitlicher Betrachtung erwähnenswert, dass, obwohl die Bindung Ursache-Wirkung nicht existiert, dieses Konstrukt in gewissen Gebieten und Situationen vorteilhaft gebraucht wird. Anfangs haben wir erwähnt, dass Wissenschaftler bewusst dieses Modell einsetzen können, um Forschung zu betreiben, solange sie sich darüber im Klaren sind, dass es eben nur ein nützliches Modell ist.

Gewisse Gebiete des Lebens benutzen das Ursache-Wirkung-Denken, um Ordnung zu schaffen, so beispielsweise die Rechtsprechung, die Versicherungen und manche naturwissenschaftlichen Experimente. Denn die müssen in der Lage sein, zu sagen, wer Schuld hat oder was die Ursache war – und zwar verbindlich.

Wie können sie Ordnung etablieren auf der Basis von etwas, das es nicht gibt? Nicht schwierig. Sie gehen damit um, wie wir es in der Frage nach der Wahrheit angeschaut haben (siehe ▶Kapitel 7).

Sie kreieren eine Domäne, einen Gedankenkreis, die *a priori* definiert, was sich darin befindet. Das heißt, alles hat seine Bedeutung, weil wir uns von vornherein entschieden haben, welche Bedeutung wir den Dingen geben. Es gibt also auf jedem dieser erwähnten Gebiete, wo Ursache-Wirkung gebraucht wird, eine A priori-Definition von Zusammenhängen als *ursächlich.* Die Rechtsprechung hat ihre A priori-Ursache-Wirkung-Definition im Gesetzbuch selbst. Die Versicherung hat ihre A priori-Ursache-Wirkung-Definition in den Versicherungsbedingungen. Das naturwissenschaftliche Experiment hat seine A priori-Ursache-Wirkung-Definition im experimental design. Das heißt, die Rechtsprechung findet ihre Definition von Ursache-Wirkung im Gesetzbuch selbst. Darin ist durch Konsens bereits definiert, wer in welcher Situation recht oder unrecht hat – also gemäß Übereinkunft darüber, welche »Ursache« welche »Wirkung« bedingt. Dasselbe gilt für die Versicherung durch ihre »Ursache-Wirkung«-Definitionen in den bestehenden Versicherungsbedingungen. Das naturwissenschaftliche Experiment baut »Ursache-Wirkung«-Beziehung bereits in ihrem experimental design ein, wodurch die »Ursache« im Resultat erkannt werden kann. Diese Gebiete, wo Ursache-Wirkung gebraucht wird, sind uns so vertraut und scheinen so plausibel und wissenschaftlich, dass wir dabei übersehen, dass das Ganze auf Übereinkunft beruht und nicht der Wirklichkeit entspricht.

Ähnlich wie beim Sport, wo alle Regeln von uns aufgestellt werden, um dem Ziel des Sports zu dienen, werden bei der Rechtsprechung, bei der Versicherung usw. die Regeln von uns so gesetzt, dass sie Ursächliches darstellen, und wir befolgen dann diese Regeln.

Wir haben das Ganze erfunden, weil es uns dienlich ist (wenngleich wir manchmal darüber jammern), ein System zu haben, das uns ermöglicht, relativ reibungslos neben- oder miteinander zu leben. Und was das Ganze stichhaltig macht, ist, dass wir Übereinkunft über die Regeln haben. Wir akzeptieren sie und geben ihnen somit ihre Gültigkeit. Aber eine echte Ursache-Wirkung-Verbindung haben sie nicht. Es ist eine selbstgemachte Sache. Nützlich schon, aber keine echte Ursache-Wirkung-Verbindung.

Am Ende kommen wir auf uns selbst zurück. Wir alle haben Einflüsse und Zusammenhänge in unserem Leben, mit denen wir fertig werden müssen. Es liegt an uns zu handeln, und es ist unsere verantwortungsvolle, freie Entscheidung, die den Unterschied macht und letzten Endes bestimmend ist.

Jeder Moment ist der Moment der freien Entscheidung, und damit ist unsere absolute Freiheit und unsere absolute Verantwortung gegeben. Abschließend können wir dankbar erkennen (und das wollen Sie sich fest merken und zu Herzen nehmen):

Die Zukunft hängt nicht von der Vergangenheit ab, sondern von meiner Entscheidung ***in jedem Moment.***

Vergessen Sie es nicht. Handeln Sie danach. Sie haben die Macht.

Kapitel 13
Gefühle – Wie gehts mir eigentlich?

Wir haben uns bisher intensiv und exklusiv mit der kognitiven Welt unserer Gedanken beschäftigt:

- wie wir die Dinge wahrnehmen (Interpretation der Sinneseindrücke)
- wie wir unsere Wirklichkeit zusammenbasteln (Annahmestruktur)
- wie wir wissen, was wir wissen (Wahrheit und Grenzen)
- sowie mit wichtigen Erkenntnissen, um Klarheit zu schaffen, dem Opfersein zu widerstehen und unsere Freiheit und Verantwortung in die eigenen Hände zu nehmen

Das heißt: wir haben all das erläutert, was wir einsetzen wollen, um immer wieder ans Ziel kommen zu können. Schließlich geht es uns um das Überwinden von Grenzen, und das ist eine rein sachliche Angelegenheit.

Oder nicht? Haben wir etwas außer Acht gelassen?

Zum Kopf gehört auch noch das Herz. Die Gefühle sind doch enorm wichtig für uns, denn sie vermitteln uns die Qualität unseres Lebens. Wie wir uns fühlen, muss dementsprechend auch Teil unseres Zieles, »zu sein, zu tun, und zu haben was wir wollen« sein.

Das »Was-wir-wollen« drückt die emotionale Komponente von Grenzen-überwinden aus und bringt damit die Gefühle ins Spiel. Wir sind ja keine Roboter, die ohne Gefühle handeln, sondern Gefühle spielen eine wesentliche Rolle in unseren Entscheidungen und in unserem Handeln.

Dadurch können Sie verstehen, wie wichtig es für Sie ist, die Gefühle in den Griff zu bekommen. Sie wollen verstehen, wie es dazu kommt, dass Sie sich gut, wohl und sogar glücklich fühlen. Und auf der anderen Seite: Was haben die Ereignisse gemeinsam, die das Unwohlsein, das Unbehagen, gar die Traurigkeit mit sich bringen?

Lächerlich einfach gesagt: Positive Ereignisse erzeugen positive Gefühle in uns, und negative Ereignisse bringen negative Gefühle mit sich. Aber genauer hingeschaut: Was ist die definierende, die durchgehende Charakteristik positiver sowie negativer Ereignisse, worauf wir reagieren?

Was liegt diesen zugrunde? Wieso gibt es Leute, die bei allgemein positiv empfundenen Ereignissen wie zum Beispiel einer Beförderung unglücklich werden? Wie kommt es, dass manche Leute Geburt oder Geburtstage nicht feiern wollen? Wie können wir verstehen, dass »positiv« nicht immer positiv und »negativ« nicht immer negativ empfunden wird?

Machen wir einen Schritt zurück, um besser vorwärts zu kommen. *»Il faut reculer pour mieux avancer«*, sagt der Franzose und meint damit: »Um besser springen zu können, muss man einen Anlauf nehmen.«

Wie kommt es überhaupt zu Gefühlen? Wo sitzen die? Woher kommen sie wie auf Samtpfoten, um uns zu beglücken oder uns zutiefst zu bedrücken. Manchmal überfluten sie uns förmlich.

Wir sind schon vertraut mit ihrer Heimat. Sie stammen vom gleichen Ort, an dem die Gedanken wohnen – in unserer Annahmestruktur. Unsere Gefühle erscheinen in unserem Bewusstsein auf dieselbe Weise, wie unsere Gedanken auftauchen – das heißt, sie entspringen der Erfahrung.

Wenn wir etwas erleben, suchen wir in unserer Annahmestruktur blitzartig danach, was es bedeutet. Die Bedeutung, das Einschätzen der Sache, ist so wichtig für uns, weil dieses Einordnen-können uns ein Gefühl der Orientierung und damit der Sicherheit gibt. Aber nicht *die* Bedeutung (wenn es so was gäbe! Siehe ▶Kapitel 6) ist in der Annahmestruktur zu finden. Die individuelle Bedeutung für *uns* ist dort zu finden.

Alles, was wir erlebt haben, alles, was man uns beigebracht hat, wurde mit einer Qualität erlebt oder beigebracht. Kaum etwas in der Annahmestruktur ist wertfrei. Sogar die Wertfreiheit selbst empfinden wir nicht wertfrei!

Das bedeutet, dass in der Annahmestruktur nicht nur die Sache abgelegt ist, sondern auch deren vermittelte Qualität mitregistriert ist, die das entsprechende Gefühl hervorbringt. Und dies geschieht ganz früh.

Erlebniseingabe – mit dazugehörenden Gefühlen – beginnt schon, bevor Wörter kommen. Alle, die Babies oder Kleinkinder kennen, können direkt an deren Gesichtsausdruck ablesen, wie dies geschieht. Und gehört es nicht zum Allgemeinwissen, dass Babies und Kleinkinder die Gefühle und die Einschätzungen der Eltern absorbieren?

Ob Mama oder Papa sagt »Oh, schau, dort ist ein Hund! Ist er nicht süß?« oder »Oh, schau dort ist ein Hund! Pass auf, Hunde sind gefährlich!«, macht einen enormen Unterschied. Die Annahmestruktur speichert fleißig und unaufhörlich diese eingegebenen qualitativen Eigenschaften.

In unserem Empfinden erleben wir die Gefühle, als ob sie zuerst kämen, gefolgt von den Gedanken. Wir haben ein Gefühl – Glück, Freude, Trauer, Angst, Zuversicht – und kurz darauf das geistige Erkennen, um was es sich da handeln könnte.

Es geschieht jedoch genau umgekehrt. Erleben wir etwas oder nehmen wir etwas wahr, gehen wir damit sofort in die Annahmestruktur, um herauszufinden, was es ist. Was wir dort finden, ist nicht wertfrei. Eine Qualität ist schon damit verwachsen, und diese kommt mit dem Erkennen der Sache hoch. Wir empfinden zwar das entsprechende Gefühl schneller als das damit verbundene Erkennen, aber wenn es nicht so wäre, dass ein Erkennen dahintersteckt, so wüssten wir gar nicht, wie wir uns zu fühlen hätten.

Die aufregende Entdeckung bei diesem Vorgang ist, dass, wenn Sie Ihre Gefühle beeinflussen wollen, Sie dies nur über Ihre Gedanken tun können. Ihre Gedanken sind ausschlaggebend. Das heißt, um unsere Gefühle zu ändern, müssen wir unsere Gedanken ändern.

Auf Anhieb klingt das kontra-intuitiv und deshalb herausfordernd. Wie sollen wir das tun? Aber es ist unsere Rettung, unsere großartige Möglichkeit, unsere Gefühle in den Griff zu bekommen und damit die Qualität unseres Lebens zu steuern.

Wenn Sie darüber nachdenken, ist es ermutigend, ja sogar herrlich, zu erkennen, dass Ihre Gefühle, die so oft ungebeten, unbändig und ungreifbar um Sie herumschwirren, durch neue Gedanken, die Sie formulieren können, zu einem Ihnen nützlichen Verhalten führen können.

Das ist doch großartig, nicht wahr? Mit dieser Erkenntnis können Sie wirklich etwas anfangen und Ihre Gefühlswelt positiv beeinflussen.

Positive Gefühle

Positive Gefühle bereiten normalen Menschen keine Schwierigkeiten. Es gilt, sie zu genießen und so weit wie möglich in unserem Umfeld zu verbreiten. Außer, dass wir im deutschsprachigem Raum etwas zurückhaltend, zum Teil sogar knauserig mit Freude umgehen, kommen wir mit positiven Gefühlen gut zurecht. Dazu braucht es kein »Umdenken«.

Was aber ist jedoch am nützlichsten zu tun, wenn nicht alles rosig, sondern gemischt erscheint?

Gehen wir zurück zu unserer Frage über positive und negative Gefühle. Wenn Sie positive oder negative, angenehme oder unangenehme Gefühle erleben, was ist der Gedanke, der diesen gegensätzlichen Gefühlen zugrunde liegt?

Ein positives Gefühl folgt immer auf die kognitive Beurteilung eines Zustandes oder eines Ereignisses als ein *Gewinn*. Wenn Sie merken, wenn Sie kalkulieren, dass Sie in der Sache einen Gewinn haben, und zwar einen Gewinn jeder Größe und jeder Art, werden Sie ein positives Gefühl haben. Andererseits werden Sie ein negatives Gefühl haben, wenn Sie einen Zustand oder ein Ereignis als einen *Verlust*, wiederum jeder Größe und jeder Art, beurteilen.

So können Sie jetzt verstehen – um auf unser Beispiel zurückzukommen –, dass jemand, der in der Beförderung einen Gewinn sieht – einen Gewinn von Ansehen, Einfluss, Möglichkeit, Einkommen usw. –, sich freuen und ein positives Gefühl darüber haben wird. Sollte der Beförderte aber einen Verlust darin sehen – einen Verlust von Freiheit, Ungebundenheit, Freundeskreis, Selbstvertrauen, Zeit oder sogar von Ansehen (wenn sich zum Beispiel seine Fähigkeiten als ungenügend erweisen würden) –, so wird er verständlicherweise ein negatives Gefühl haben.

Schon alleine die Annahme eines Gewinnes kreiert ein positives Gefühl. Deshalb können wir von »Vorfreude« sprechen. Wir sehen nämlich in unserer Vorstellung schon das positive Ereignis in der Zukunft, das für uns einen Gewinn darstellt, und wir freuen uns, denn unser Hirn kann das tatsächlich eingetretene von einem vorgestellten Ereignis schwer unterscheiden. Wie bereits in ▶Kapitel 6 zitiert, sagt Francis Crick: »Schlussendlich macht unser Hirn ausgezeichnete Rateannahmen darüber, was da draußen vor sich geht.«

Und Vorfreude ist die schönste Freude. Weshalb? Weil sie komplett in unserer Vorstellung abläuft, wo keine lästigen Details wie schlechtes Wetter, Krankheit, Unstimmigkeit, Eigenverantwortung usw., die sich in der Wirklichkeit oft einschleichen, vorkommen.

Jetzt, wenn Sie das Verständnis von vorgestellter, angenommener Freude – das heißt von einem vorgestellten, angenommenen Gewinn – haben, werden Sie in der Lage sein, in einer Sache einen Gewinn einfach anzunehmen, und damit kreieren Sie ein positives Gefühl. Selbst da, wo Ihnen die Sache im ersten Moment negativ erscheint, können Sie einen Gewinn darin annehmen, was Ihnen helfen kann, über das Schwere, das Schmerzliche, das Bittere besser hinwegzukommen. Das tun Sie, indem Sie einen Gewinn einfach annehmen und es so ausdrücken: »Da muss etwas Gutes dran sein.«

Ein Beispiel: Der Zug fährt Ihnen vor der Nase weg. Sie werden jetzt zu spät ankommen. Sie werden dies und jenes verpassen. Und was werden die Leute von Ihnen halten! Nach und nach registrieren Sie einen Verlust nach dem anderen, und Sie fühlen sich unglücklich und verärgert. Aber dann darf der Moment kommen, wenn Sie sich sagen, »Ja nun, da muss irgendetwas Gutes dran sein.«

Selbst wenn Sie im Moment noch gar nicht wissen, was dieses »Gute« ist: Schon alleine die Vorstellung der Existenz der Möglichkeit eines Gewinnes hebt Ihre Stimmung. Können Sie es spüren, sogar beim Lesen?

Denn haben Sie nicht schon oft von solchen Situationen gehört oder gelesen oder es gar selbst erlebt, dass auf Basis von etwas Unangenehmen etwas Unglaubliches, etwas Positives geschehen ist? Wie viele Leute haben sich getroffen oder gefunden, während sie auf den nächsten Zug gewartet haben? Oder noch einschneidender: Wie viele Leute, die sich am 11. September 2001 maßlos über den Verkehr in New York geärgert haben, waren nachher zutiefst dankbar, dass sie viel zu spät zu ihrem Arbeitsplatz in den Twin Towers in Manhattan gekommen sind?

Es muss nicht so gravierend oder frappant sein. Es darf auch eine ganze Weile dauern, bis wir sehen, was Gutes daran war. Doch der Gedanke, die Annahme allein kreiert schon ein positives Gefühl, das die momentane Enttäuschung und den momentanen Schmerz lindert.

Bei Todesfällen tun wir das oft ganz natürlich und unbewusst, indem wir – neben der Trauer – einen Gewinn in diesem Verlust annehmen mit Aussagen wie »Jetzt ist er erlöst von seinem Leiden« oder »Sie ist in eine bessere Welt gegangen.« Bei solch großen Verlusten ersetzt der angenommene Gewinn zwar nicht die Trauer (und soll das auch nicht), aber er erleichtert sie markant.

Das, wovon wir jetzt sprechen, ist nur deshalb möglich, weil es keine »wirkliche« Wirklichkeit gibt. Wir kreieren unsere Wirklichkeit durch unsere Annahmen darüber, wie die Welt sei. Wieso nicht angenehmere Auslegungen suchen oder kreieren? Diese Möglichkeit, eine Wirklichkeit auf positiven Annahmen basierend zu gestalten, ist eine Gabe, die es Ihnen und anderen viel leichter macht, vorwärts zu gehen und das Leben genießen zu können.

Denken Sie, welch ein riesiges Geschenk Sie anderen anbieten können, wenn Sie mit all Ihrer Empathie zuhören, gefolgt von der Annahme eines Gewinnes, die Sie ihnen mit den Worten präsentieren: »Na, da wird was Gutes dran sein.« So können Sie für sich und andere positive Gefühle kreieren.

Und wenn Sie Glück haben, werden Sie lange genug leben, um zu erleben, wozu alles gut war!

Was machen wir aber mit den negativen Gefühlen?

Negative Gefühle

Die negativen Gefühle bereiten uns selbstverständlich mehr Mühe als die positiven. Wie schon beschrieben, folgen negative Gefühle auf die Beurteilung eines Zustandes oder Ereignisses als Verlust jeglicher Art und Größe – und das haben wir nicht gerne. Wie wollen wir damit umgehen?

Wenn etwas Negatives geschieht und wir daraufhin unglücklich sind, können wir, wie vorhin beschrieben, positive Aspekte des Geschehnisses beleuchten, um die negativen Gefühle zu lindern oder sie in die Balance des Lebens zu bringen.

Doch oft ist es so, dass negative Dinge auf eine Art oder in einer Intensität passieren, die uns überwältigt und uns anfänglich keinen Platz oder keinen Willen lässt, um nach nützlicheren, angenehmeren Beurteilungen zu suchen. Der Verlust einer geliebten Person, eine Scheidung oder der Verlust einer lang erhofften Möglichkeit, sind treffende Beispiele. Wir wurden überrumpelt, überflutet, überwältigt, und alles scheint düster zu sein. Was sollen wir dann tun?

Hier greifen wir vorerst (und immer wieder im Leben) auf unser Erfolgsrezept zurück – die vier Bedingungen aus ▶Kapitel 1 – und achten ganz speziell auf ▶Nummer 3: »Die Dinge sind immer so, wie sie sind.« Zuerst gilt es, uns in der Akzeptanz zu üben.

Was geschehen ist, ist geschehen. Ob wir es gerne haben oder nicht: Es ist so, wie es ist, und das verlangt unsere Akzeptanz. Genau dann, wenn wir es nicht gerne haben, wollen wir es bewusst akzeptieren und (▶Nummer 4) das Kämpfen dagegen ablegen. Anstatt uns dagegen zu wehren, wollen wir es nutzen.

Wir nehmen das Hochkommen negativer Gefühle als Beweis dafür, dass ein Verlust – ein persönlicher Verlust – eingetreten ist. Und das Natürlichste, das Angebrachte, das wir tun können, ist, diesen Verlust oder diese Verluste zu betrauern. Ohne passend zu trauern, kann man mit dem Verlust nicht ins Reine kommen. Es gibt keinen anderen Ausweg aus den negativen Gefühlen. Die Heilung unseres Verlusts geschieht durch die Trauer.

In unserem Kulturkreis wird es meist nicht so gesehen, aber Trauer ist nur die Kehrseite der Freude. Sie ist ein positives Gefühl, weil sie heilend ist. Trauer ist wie das Blut, das hervortritt, wenn wir uns in den Finger schneiden. Es fließt sofort aus der Wunde, und gleichzeitig enthält es wundersamerweise genau die nötigen Koagulationskörper, um die Wunde zu heilen.

Wir empfinden Trauer jedoch nicht als positiv. Wir trauern nicht gerne, weil unsere Gesellschaft keinen leichten Zugang dazu findet. Trauern ist für uns unbequem, unbehaglich, und wird als beinahe verweichlicht angesehen. Das ist schade, denn trauern tut uns gut.

Wenn Sie einen Verlust erlitten haben und sich schlecht fühlen, müssen Sie die passende Trauerarbeit machen, um den Verlust zu überwinden und ihn in Ihr Leben zu integrieren. Die Trauerarbeit erlaubt uns, allmählich vom Verlust – und den damit verbundenen negativen Gefühlen – loszulassen und der Erlösung entgegenzugehen. Nach vollkommen geleisteter Trauerarbeit tritt die Erlösung ein. Erst dann ist man wieder frei, seinen Zielen im Leben nachzugehen und das Leben wieder genießen zu können.

Gemäß dieser Erkenntnis ist das Beste, das Sie beim Erleben negativer Gefühle tun können, sich zu fragen: »Was ist denn hier geschehen, das für mich einen Verlust darstellt?«

Wenn Sie den Verlust oder die Verluste identifiziert haben, so wollen Sie darüber gebührend trauern, damit Sie die Erlösung erreichen und dadurch wieder frei werden, um positive Dinge zu verfolgen. Leider tun Menschen das nicht immer.

Wir tun es deshalb nicht immer, weil wir keine Übung in der Sache haben und weil wir uns vor dem Trauern scheuen. Aber ohne Trauerarbeit verschwindet der Verlust nicht, sondern er nagt weiter an uns und wühlt uns auf.

Um die Trauerarbeit zu vermeiden, versuchen wir unbewusst, den Verlust beiseitezuschieben, indem wir andere, sekundäre Gefühle kreieren, die den alleinigen Zweck haben, uns von der Trauer abzuhalten, abzuschirmen, sie zu übertünchen. Wir versuchen, den Verlust wettzumachen, ohne trauern zu müssen, was eben Kampf ist.

Das erste sekundäre Gefühl, mit dem wir die Trauerarbeit fernzuhalten versuchen, ist die Angst. Wenn die Angst die Trauer nicht genügend übertüncht, gehen wir zur Wut über. Sollte die Wut nicht genügend Deckung bieten, werden wir deprimiert. Und manchmal reicht das leider auch nicht aus, und in seiner verzweifelten, hoffnungslosen Verfolgung eines unerreichbaren Zieles – nämlich den Verlust zu assimilieren, ohne zu trauern – begeht der Deprimierte Suizid.

Wir haben es hier mit ernsthaften Dingen zu tun.

Ein einfaches Beispiel: Sie sitzen in der Schule und hören dem Lehrer zu. Auf einmal merken Sie, dass Sie nicht mehr dabei sind. Sie verstehen nicht mehr, was der Lehrer erklärt.
Die natürliche, nützliche Reaktion wäre die Feststellung: »Aha, ich habe den Faden verloren.«

Darauf würden Sie ganz kurz die passende Trauerarbeit machen, indem Sie etwas sagen wie: »Ach, wie schade, ich wollte so gerne folgen und dabei sein«. Und damit wären Sie wieder frei, um Ihr nächstes Ziel zu verfolgen, nämlich zu verstehen und wieder dabei zu sein.

Sie würden Ihre Hand heben und fragen: »Herr Lehrer, könnten Sie das bitte nochmals erklären? Ich habe es nicht verstanden.«

Ja ja, ich höre Sie schon protestieren. Das hätten Sie natürlich so getan, weil es doch logisch ist. Dazu brauchen Sie keine Erklärung über Verlust und Trauer.

Aber sehen Sie, erstens ist das ein einfaches Beispiel, an dem Sie dem Mechanismus folgen können. Und zweitens: Seien Sie sich bewusst, dass, wenn Sie dieses Buch ausgewählt haben und nun fast bis zum Ende dabeigeblieben sind, Sie sich bereits von dem breiten, wohlmeinenden, aber nicht sehr effektvollen Mittelmaß abgesondert haben.

Ganz viele Menschen hätten jedoch in solch einem Moment folgendermaßen reagiert:

- »Oh, ich verstehe es nicht, ich habe den Faden verloren.« ♦ Verlust identifiziert, aber die Trauerarbeit wird übersprungen.
- »Wieso passiert mir das immer wieder? Die anderen scheinen es zu verstehen, die sind dabei. Warum bin ich der einzige Blöde in der Klasse? Was wird, wenn ich durchfalle?« ♦ Angst.
- »Was heißt schon, der Blöde sein? Ich bin sicher nicht blöd! Normalerweise komme ich schon mit! Was ist das auch für ein Lehrer, der es mir nicht verständlich machen kann? Solche Lehrer sollten nicht eingestellt werden! Und ich muss mich jetzt mit dem rumschlagen!« ♦ Wut.
- »Ach, was solls? Wenn ich ehrlich bin, komme ich immer wieder nicht mit. Ich bin eben nicht so fähig wie die andern, und wahrscheinlich wird das nur schlimmer werden, je älter ich werde und je komplizierter der Stoff wird. Ich tauge nicht so viel.« ♦ Depression.
- »Was hat das Ganze für einen Zweck? Das hat keine Zukunft. Ich habe keine Zukunft.« ♦ Ohne professionelle Hilfe wird er sich selbst früher oder später aus diesem Leben zurückziehen und möglicherweise und traurigerweise Suizid begehen.

Übertragen Sie dieses einfache Beispiel beliebig auf gewichtigere Dinge in Ihrem Leben und schauen Sie ehrlich hin, ob Sie nicht auch schon einmal so etwas gesagt haben, um Trauer zu vermeiden.

Wir durchlaufen diese Positionen blitzschnell, sodass wir kein Bewusstsein darüber haben, doch an irgendeiner bleiben wir hängen.

Menschen haben ihren Lieblingsplatz in dieser Reihenfolge. Wo sind Sie am liebsten zu Hause? Bei der Angst, der Wut oder der Depression? Allgemein tendieren Frauen dazu, bei der Angst oder bei der Depression zu landen; Männer machen sich bei der Wut oder sonstiger Aggression breit.

Angst ist auf die Weise speziell, dass wir Angst meistens haben, *bevor* etwas passiert ist. Alles mag ruhig und okay sein, und doch haben wir Angst. Dies geschieht, wie wir gesehen haben, auf gleiche Weise bei der Vorfreude. Unser Hirn kann sich den in der Zukunft möglichen Verlust so deutlich vorstellen, dass wir darauf reagieren, als ob er schon eingetreten wäre.

Um Angst in den Griff zu bekommen, müssen wir den vorgestellten Verlust behandeln, als ob er schon eingetreten wäre. Sie wollen alle möglichen Konsequenzen ausloten, was sie für Sie in Ihrem Leben bedeuten würden und wie traurig Sie darüber wären. Das bedeutet also, die Trauerarbeit im Voraus zu machen.

Die Angst hockt in uns wie ein Dämon, der sich nicht verscheuchen lässt. Wenn Sie ihn da verscheuchen, erscheint er dort, und wenn Sie ihn dort vertreiben, taucht er an einer anderen Stelle wieder auf. So werden Sie ihn nicht los.

Das Einzige, was der Angstdämon nicht aushält, ist, wenn man ihm in die Augen schaut. Das heißt, wenn Sie die Angst und den dahinterstehenden vorgestellten Verlust akzeptieren und ihn im Voraus vollkommen betrauern.

Wut hat etwas Verführerisches an sich, weil sie mächtig zu sein scheint und weil Sie sich Ihrer Sache so sicher und sich so stark und mächtig fühlen, wenn Sie wütend sind. Auch erzwingt die Wut oft Resultate. Der Preis ist zwar zu hoch (für den, der sie missbraucht, ebenso wie für den, der unterdrückt wird), aber etwas wird in der Sache meistens erreicht. Deshalb ist sie so verbreitet.

Lieblingsplatz oder nicht, oft gehen wir hin und her zwischen Angst und Wut. Es ist Ihnen wahrscheinlich auch schon passiert, dass Sie, wenn jemand, auf den Sie warten, sich verspätet, hin- und hergerissen sind zwischen »Mein Gott, wenn dem nur nichts passiert ist ...!« und »Was für eine Frechheit, mich so lange warten zu lassen!« Wehe, wenn es sich um jemanden handelt, der uns besonders lieb ist!

Wichtig zu wissen ist, dass es aus Angst, Wut oder Depression *keinen direkten Ausweg* aus dem Verlust gibt. Sie können nicht einfach mit diesen sekundären Gefühlen abschließen, ohne zurück zum Verlust zu gehen und ihn durch die für Sie angebrachte Trauerarbeit zu erledigen.

Sie müssen den Verlust oder die Verluste (ein Verlust kommt selten allein) identifizieren und sich einsichtig damit beschäftigen, was dieser Verlust für Sie in Ihrem Leben darstellt. Sie müssen bedauern, dass es geschehen ist, inklusive allen möglichen damit verbundenen Konsequenzen. Sie müssen bereit sein, den Verlust ebenso wie das Gefühl der Trauer zu akzeptieren und zu empfinden, bis Sie es durchgearbeitet haben, bis der Verlust oder die Verluste vollkommen betrauert sind. Erst dann werden Sie wieder frei für das Nächste sein.

Nach diesem detaillierten Exkurs sehen Sie, wie wichtig es ist, dass wir, um negative Gefühle zu meistern, Trauer nicht nur akzeptieren, sondern gutheißen wollen, damit wir die nötige Trauerarbeit leisten können. Die Straße, die nach einem Verlust wieder zum Glücklichsein führt, ist *einzig durch die Trauer.*

Als Zusammenfassung und zu Ihrer Unterstützung offeriere ich Ihnen meinen

Gefühls-Aktionsplan

1. Wenn Ihnen etwas Gutes, Erfreuliches, GEWINNbringendes passiert, freuen Sie sich so richtig darüber und teilen Sie Ihre Freude mit so vielen Ihrer Mitmenschen wie möglich. Wie das alte Sprichwort sagt: »Geteilte Freude ist doppelte Freude«. So wird Ihnen Ihr Gewinn immer wieder bewusst und die glücklichen Reaktionen Ihrer Mitmenschen verstärken und verlängern Ihre Freude.

2. Seien Sie großzügig mit Lob. »Nicht geschimpft ist genug gelobt« ist in Bezug auf emotionale Gesundheit eine der dümmsten Aussagen früherer Zeiten und führt dazu, dass

wir heute noch geizig mit Lob umgehen. Wir schenken wenig Lob und wir nehmen Lob oft nur abschätzend an. Dabei ist angebrachtes Lob ein Doppel-Gewinn: Erstens ist der Gelobte glücklich über das Lob, was wiederum Ihnen Freude macht. Zweitens: Um ihn loben zu können, muss es Ihnen zuerst bewusst geworden sein, dass Sie durch seine Arbeit oder seine Hilfe einen Gewinn bekommen haben.

3. Sollte Ihnen etwas weniger Erfreuliches zustoßen, etwas, worin Sie einen VERLUST sehen, betrauern Sie ihn zuerst genügend. Dann schauen Sie genau hin, um festzustellen, was doch noch Gutes daran sein könnte, woraus Sie eine neue Möglichkeit für sich gewinnen können.

4. Sollte Ihnen etwas passieren, worin Sie im Moment keine gute Möglichkeit sehen, sichern Sie sich zu, dass irgendwann, irgendwo etwas Unerwartetes, Positives daraus entstehen wird, indem Sie sagen: »Auch das wird zum Guten sein.«

5. Wenn Sie von Trauer überwältigt werden, befassen Sie sich intensiv mit der Trauer (Sie werden sowieso in dieser Zeit kaum etwas anders kompetent machen können). Schieben Sie die Trauer nicht in den Hintergrund und mauern Sie sie nicht mit sekundären Gefühlen zu, sondern schauen Sie dem Verlust und der Trauer in die Augen. Nehmen Sie die Trauer an der Hand, um mit ihr ein intimes Gespräch zu führen über alles, was damit verloren gegangen ist und wie Sie jeden Verlust bedauern. Tun Sie das so lange wie nötig –

es muss kein einmaliges Trauergespräch sein. Sie können das Trauern in Abschnitte einteilen, die Ihnen leichter erträglich sind, bis Sie die Verwirrung, das Aufgewühltsein und die Tränen so lange begleitet haben, dass sie schließlich ersetzt werden durch inneren Frieden und leichte Wehmut.

6. Seien Sie ein »Trauercoach« für Leute, die unglücklich sind, weil sie etwas verloren haben – oft ohne zu merken, was ihnen fehlt. Sagen Sie etwas wie: »Das tut Ihnen sicher leid, dass Sie diese Möglichkeit, diesen Schlüssel, diesen Betrag, dieses Ansehen oder was sonst immer, verloren haben.« Anstatt schnell zu versuchen, es zu bagatellisieren oder besser zu machen, geben Sie Ihren Mitmenschen die Möglichkeit, einen Verlust zu akzeptieren und zu betrauern, anstatt sich wegzuschleichen.

7. Haben Sie Kinder? Helfen Sie ihnen zu trauern. Fallen Sie nicht in die Versuchung, alles wieder schnell gutmachen zu wollen mit einem Ersatz oder – noch schlimmer – durch Ablenkung. Im Gegenteil: Intensivieren Sie die Trauer, machen Sie es schlimmer, als es wirklich ist, durch mitfühlende, traurige Kommentare darüber, wie schade es ist, dass dies und jenes geschehen ist, bis das Kind – mit Ihrer Hilfe – die Trauerarbeit gemacht hat. Dann geht es wie durch Zauber vorbei. So kontraintuitiv es ist: Sie werden sich wundern, wie gut und effizient das funktioniert! Niemand wird verweichlicht dabei. Im Gegenteil: Das Kind lernt, mit Enttäuschungen und Verletzungen, die man im Leben nicht immer vermeiden kann, besser umzugehen.

Üben Sie sich in Akzeptanz (siehe ▶Bedingung Nummer 3), ohne dabei Ihre Macht in der Sache außer Acht zu lassen. »Die Dinge sind so wie sie sind, *und was will ich, dass jetzt geschehen soll?«* Beantworten Sie sich die Frage konkret und messbar und handeln Sie dementsprechend. Tun Sie etwas in der Sache.

8. Schauen Sie, wie Sie anderen einen Gewinn bescheren können, indem Sie ihnen kleine Gefallen tun: Ein wenig helfen, zum Kaffee einladen, die Tür aufhalten – was immer Ihnen einfällt. Die Freude des anderen wird Ihre eigenen Gefühle positiv beeinflussen.

9. Seien Sie dankbar für alles, woran Sie nur denken können. Nicht nur für die großen Dinge wie Ihre Gesundheit, Ihre Familie oder Ihre Arbeit. Das kann jeder. Ein Sonnenstrahl, frische Wäsche, Benzin im Tank, warmes Wasser – die Liste ist endlos, wenn Sie in die hohe Schule des Schätzens gehen. *Dankbarkeit ist der beste Schutz gegen Trauer und Hilflosigkeit.* Dankbare Menschen sind gesünder, erfolgreicher, kreativer, leben länger, verdienen mehr und haben bessere Beziehungen als Undankbare – das ist wissenschaftlich belegt. Es liegt in Ihren Händen, das Gute zu sehen und sich darüber zu freuen!

Und so, wie anfangs gesagt, spielen die Gefühle eine bedeutsame Rolle in unserem Leben, und wir wollen gut mit ihnen umgehen können. Wer sie nicht versteht, wer sie nicht in den Griff bekommen kann, wird Mühe haben, Grenzen zu überwinden, denn ganz ohne Schwimmweste kann man im See der Gefühle ertrinken.

Sehen Sie jetzt, wie Kopf (kognitives Funktionieren) und Herz (emotionales Funktionieren) zusammenarbeiten können?

Denn alles, was Sie über Annahmen und die Konstruktion der Wirklichkeit wissen, erlaubt Ihnen, Ihre Annahmen über Zustände und Ereignisse zu identifizieren und zum Besten zu wenden, damit Sie positiv bleiben können. Alles, was Sie über die Schaffung von Klarheit wissen, erlaubt Ihnen, Verluste zu identifizieren und diese passend zu betrauern. Und alles, was Sie über Ihre Macht, Freiheit, Verantwortung und Ethik wissen, erlaubt Ihnen, die Position des Opferseins zu vermeiden. Diese Selbstständigkeit erlaubt Ihnen, sich immer zu entscheiden, wie Sie mit Ihren Gefühlen umgehen wollen, damit etwas Gutes daraus entsteht, damit Sie inneren Frieden erlangen können, und schließlich, damit Sie nicht von Ihrem Weg zur Zielerreichung abkommen und sich im Mischmasch der Gefühlswelt verlieren.

Kapitel 14
Wir kommen zum Schluss – Funkelnde Augen, herrliche Ziele

Viel haben wir nun miteinander besprochen. Bald ist es soweit, dass der Frosch ins Wasser springt. Was werden Sie von all dem mitnehmen, wenn Sie erneut in den Strom Ihres Lebens steigen?

Was haben wir zusammen erreicht? Wie sind Sie hier angekommen?

Dazu wollen wir in groben Zügen kurz zusammenfassen, was wir durch unsere Ausführungen etabliert haben:

- Wir wissen, was wir wissen, durch die Aufnahme unserer Sinneseindrücke, die wir – basierend auf den Annahmen in unserer Annahmestruktur – interpretieren, um die »Wirklichkeit« zu formulieren.
- Wahrheit und Grenzen existieren nur in den Domänen des menschlichen Denkens.
- Jeder Mensch hat – von seiner Geburt bis zu seinem Tod – eine Vision, die immer positiv ist und etwas Positives in der Welt schaffen will.
- Unsere Vision ist die Licht- und Kraftquelle unseres Lebens. Sie definiert, was es ist, das wir mit Hingabe verfolgen und erreichen wollen – was wir mit unserem Leben als Ganzes wollen, und was sich aus diesem Leben für uns und andere ergeben soll.

- Geistige Klarheit ist unerlässlich, um den Nebel eines Problems zu lüften, damit nützliche Abläufe und Handlungen zur Erreichung unseres Zieles kreiert werden können.
- Gefühle folgen Gedanken, und wir sind in der Lage, unsere Gedanken zu ändern, um die Qualität unseres Lebens zu steuern.

Nun haben wir im vorangegangenen Kapitel die Gefühle als Pendant, als Gegengewicht zu den kognitiven Gedanken eingebracht und sie gründlich beleuchtet. Wir haben alles erörtert, um Klarheit darüber zu gewinnen, wie wir denken und wie unsere Gedanken uns in unserem Streben nach Erreichung unserer Ziele entweder fördern oder gefangen halten.

Schließlich wollen Sie erkennen, dass wir Menschen unser Leben normalerweise in zwei Domänen leben: in der Domäne des Denkens und der Domäne des Fühlens.

Allgemein haben die Menschen kaum eine Ahnung von der Existenz dieser zwei Domänen, obwohl sie ihr Leben darin verbringen. Ohne die Klarheit, ohne das Bewusstsein, das Sie sich erarbeitet haben, werden die meisten Menschen ständig zwischen den beiden Domänen – DENKEN-FÜHLEN-DENKEN-FÜHLEN – hin und her gerissen, ohne die Kontrolle darüber zu erlangen.

Sie aber können jetzt diese zwei Domänen klar voneinander trennen. Sie wissen, dass alles, was sich in der Domäne des Denkens befindet, auf Übereinkunft beruht. Das bedeutet, die Domäne des Denkens basiert auf den Domänen der physischen und der Erlebnis-Wahrheit (▶Kapitel 7).

Darin sind die Tatsachen enthalten, worüber wir uns einig sind. Zum Beispiel: »Heute ist Dienstag«, »Wir sind in Basel (oder wo immer Sie sind!)«, Alter, Geburt, usw. Diese sind alle Beispiele von »Die Dinge sind so, wie sie sind.«

In der Domäne des Fühlens hingegen finden wir alles, was in der Annahmestruktur enthalten ist (▶Kapitel 6): Regeln, Gesetze, Logik, Vernunft, Bildung, was Mutti und Vati gesagt haben, Religion, Ethik, Moral usw. Wir finden also dort alles, was wir im Laufe des Lebens in unserer Annahmestruktur abgelegt haben. Somit ist die Domäne des Fühlens auch die Domäne der Annahmestruktur.

Während Ihnen bisher die Annahmestruktur transparent fortlaufend eine Wirklichkeit geliefert hat, deren Opfer Sie somit waren, sind Sie nun in der Lage, die von der Annahmestruktur jeweils gelieferte Wirklichkeit zu beurteilen. Sie können somit feststellen, ob Ihnen die Annahmestruktur soeben eine Grenze gesetzt hat, oder ob sie Ihnen ermöglicht, Ihr Ziel zu erreichen.

Wenn sie es Ihnen ermöglicht, tun Sie, was Ihnen die Annahmestruktur sagt, und Sie werden Ihr Ziel erreichen. Wenn sie Ihnen eine Grenze gesetzt hat, so können Sie sich jetzt entscheiden, welche andere, neue Annahme Sie in der Sache machen wollen, die zu der Wirklichkeit führt, die Ihnen erlaubt, Ihr Ziel zu erreichen. Genial!

Sie werden mit größerer Leichtigkeit im Leben vorwärtsgehen, mit der Klarheit, die Sie brauchen, um Ihr Leben nicht als »Opfer« Ihrer Annahmestruktur leben zu müssen, sondern zu erkennen, dass sich eine negative Wirklichkeit durch andere Annahmen ändern lässt. Durch Ihr Hinterfragen der Annahmestruktur werden Sie neue Annahmen entdecken, womit Sie neue Wirklichkeiten kreieren, in denen das »Problem« nicht mehr existieren kann und Sie dadurch Ihr Ziel erreichen können. Des Weiteren erkennen Sie Klarheitsfresser wie Geschichten und Ursache-Wirkungs-Denken und können sie von Ihrem Spielfeld räumen, damit der Weg zum Ziel freigelegt ist.

Mit dieser Klarheit und geistigen Schärfe können Sie die wichtigen Dinge in Ihrem Leben anpacken und erledigen. Sie können sich (und anderen Leuten) Klärungsfragen stellen über Annahmen, Ziele, Risiken, Wahrheit, Grenzen, usw., um verkrustetes Denken zu durchbohren. Somit kommen Sie auf den Kernpunkt, wodurch Sie etwas in der Sache TUN können!

Und das ist, was ich für Sie wollte, als ich mich entschied, dieses Buch zu schreiben: Dass Sie mit dieser Information etwas Außerordentliches *tun* können.

Ich empfehle Ihnen wärmstens, Ihre neuen geistigen Fähigkeiten zu erproben und anzuwenden – vor allem dort, wo Sie viel Freude an Ihrer Arbeit oder an Ihrem persönlichen Leben haben. Ihre Freude an etwas, das Sie schaffen oder tun, ist der beste Hinweis darauf, dass dies ein Ausdruck Ihrer Vision ist. Achten Sie besonders auf das, was Sie ganz natürlich immer wieder tun, ohne aufgefordert zu werden und auch ohne finanzielle Belohnung. Dies sind Hinweise zur Entdeckung Ihrer Vision.

Obwohl ich es liebend gerne für Sie tun würde: Diese Seiten können die persönliche Auseinandersetzung, die nötig ist, um ihre persönliche, ureigene Vision garantiert zu klären und die dritte Domäne – die Domäne von Vision – zu erschließen, die noch weitere Möglichkeiten eröffnet, nicht ersetzen. Dazu braucht es persönliche Interaktion.

Wenn Sie Lust und Interesse haben, Ihre persönliche Vision definitiv zu entdecken, so nehmen Sie am Seminar *Überwinden eigener Grenzen teil* (www.drwarschawski.com).

Die Offenbarung Ihrer Vision versetzt Sie in die Lage, weitere Möglichkeiten zu sehen, um Grenzen zu überwinden, um Ihr Sein und Tun ganz auf Ihre Vision auszurichten und um Ihr Leben in *Excellence* zu genießen. Ihre Vision zu kennen, erfüllt dann komplett mein Versprechen an Sie, dass Sie sein, tun und haben können *was Sie wollen,* und zwar immer wieder, denn Ihre Vision – das, was Sie mit Ihrem Leben als Ganzes wollen – ändert sich nicht.

Doch auf diesen Seiten haben Sie sich jetzt die nützliche Klarheit angeeignet, um sich selbst die klärenden Fragen zu stellen und sich selbst so zu führen, dass Sie in Ihrem Leben immer wieder an Ihr gewünschtes Ziel kommen können. Wenden Sie diese Kenntnisse immer und überall an. Und nach einer gewissen Zeit der Übung lesen Sie das Buch noch einmal und Sie werden eine Reihe von »Ahas« erleben, die es Ihnen immer einfacher machen, Ihr Leben aus Vision zu leben.

Die Tür haben wir zusammen geöffnet. Das geistige Material über klares Denken und die damit erworbene Fähigkeit, Ihre automatischen Annahmen zu erkennen und darüber hinaus auf Ihr Ziel hin zu denken und zu handeln, liegt in Ihren Händen. In Verbindung mit Ihrer Vision werden Sie alles haben und alles wissen, um zu sein, zu tun und zu haben, was Sie wollen.

Das Grundwissen über Excellence haben Sie sich hiermit angeeignet. Wie wird es dann in Ihrem Leben aussehen? Wie werden Sie Ihre neuen Kenntnisse anwenden, um nach Ihrer Vision zu leben? Die Werkzeuge dafür haben Sie – jetzt wollen Sie sie nur anwenden. Diese letzte Herausforderung zu meistern liegt in Ihren Händen.

Und nun vertraue ich Ihnen, dass Sie das Wissen, das Sie sich hier angeeignet haben, mit Begeisterung und Zuversicht in Ihr persönliches, gewünschtes Tun umsetzen werden.

Funkelnde Augen und herrliche Ziele erwarten Sie. Und ich freue mich mit Ihnen!

Mein Dank

Meine liebe Cousine Thea, die sich gerne bunt und lustig ausdrückte, wollte mich manchmal liebevoll hochnehmen und sagte: »Ja du, Peter, du alleine auf deiner einsamen geistigen Ebene, du kannst so etwas sagen!« Ich lächelte sie dann an und würde das gerne heute noch machen, wenn sie noch unter uns weilen würde.

Aber sie hatte nicht recht. Ich stehe nicht alleine, wo ich stehe, und ich bin nicht alleine hier angekommen, nun, da das Buch geschrieben ist. Ich stehe auf den Schultern vieler Menschen, die mir über kurz oder lang, durch dick und durch dünn, so hilfreich waren. Es ist mir ein Bedürfnis, ihnen an dieser Stelle herzlich zu danken.

Meinen lieben Eltern Felix und Camille Warschawski, die mich mit viel Liebe und Hingabe auf eine Weise erzogen haben, die mir nicht nur das nötige Wissen und Können für ein schönes Leben gegeben, sondern auch das nötige Selbstbewusstsein in mir gefördert haben, um all das zu tun, was meinen Erfolg ermöglichte. Vielen Dank.

Mein größter Dank gebührt meiner wundervollen Frau Rosemary, die mich, seit wir uns in unseren Jugendjahren kennengelernt haben, auf Schritt und Tritt jederzeit auf jede Weise unterstützt und gefördert hat – und das stets mit viel Liebe und voller Hingabe. Ohne sie wäre dieses Buch nie geschrieben worden, und ohne sie wäre alles, was dazu geführt hat, nicht geschehen. Sie ist mir eine treue, verlässliche und geliebte Weggefährtin, die mir persönlich und beruflich als Senior Vice President von DR. WARSCHAWSKI, LLC mit weisem Rat und unermüdlicher Tat beisteht. Tausend Dank und viel Liebe.

Meine lieben Schwiegereltern, Prof. Dr. Kurt und Marguerite Nussbaum, haben mich vor vielen Jahren liebevoll in ihren Familienkreis aufgenommen, mich in eine bis dahin unbekannte Welt eingeführt und mich auf so vielfältige Weise gefördert. Beide waren auf ihre Art außerordentliche Menschen. Herzlichen Dank.

Meine lieben Kinder und Enkel, die mich immer mit viel Liebe umgeben haben und weiter umgeben, waren und sind auf ihre individuelle Weise immer eine Quelle der Freude und Inspiration. Bedingt durch meine Arbeit mussten sie mich oft vermissen und taten das auf großzügige und liebevoll Weise. Und heute bereiten sie mir eine ganz besondere Freude, denn sie leben alle ein exzellentes Leben, das anderen Menschen viel Gutes und Schönes beschert. Ganz lieben Dank.

Meiner lieben Schwester Gini Warschawski, die mich auf ihre stille Weise seit unserer Kindheit mit viel Liebe begleitet und gefördert hat, vielen lieben Dank.

Prägend für mein Leben war meine Begegnung und Zusammenarbeit mit meinem Mentor Dr. Robert Shaw. Er hat mir das gesamte Gebiet des Kontextuellen Denkens, der Kontextual Psychotherapie mit umfangreichem Wissen, großer Erfahrung und Kreativität und mit viel Leidenschaft eröffnet. Dieses Wissen wurde die Grundlage all meiner professionellen Arbeit. Er war liebevoll, anspruchsvoll, fordernd und ein hervorragendes Beispiel dafür, wie man seinen Beruf auf höchster Ebene zum Wohle anderer Menschen und zum eigenen Wohle ausübt. Ich bin ihm ewig dankbar.

Meinem guten Freund und Förderer John Hannon, der mich früh in meiner Karriere in vielerlei Hinsicht unterstützt hat, spreche ich meinen herzlichen Dank aus.

Einem außerordentlichen Menschen, Dr. Fritz Haselbeck, der früh in meiner Karriere an mich geglaubt hat und mir die Möglichkeit gab, dieses Wissen an viele Menschen weiterzugeben, möchte ich herzlich danken.

Walter Gunz – ein Geisteskamerad seit mehr als 30 Jahren, ein visionsgeleiteter Mensch und Unternehmer – gilt mein aufrichtiger Dank für sein tiefes Verständnis meiner Arbeit und für sein Vertrauen, vielen Menschen in seinem großen Unternehmen dieses Wissen zu ihrem eigenen und zum Wohle des Unternehmens zu vermitteln.

Klaus Kobjoll war einer der ersten Teilnehmer an meinen Seminaren und hat den ganzen Inhalt nicht nur aufgenommen und verstanden, sondern ihn sogleich in die Tat umgesetzt und ein beispielhaftes, erfolgreiches Unternehmen geschaffen. Er ist ein spezieller, liebevoller, kreativer, großzügiger Wegbegleiter und ich danke ihm von Herzen.

Eine spezielle Person ist vor dreizehn Jahren in mein Leben getreten: Sabine Heinvirta war zunächst meine Assistentin, hat in kurzer Zeit den Kern meiner Arbeit erfasst und aufgenommen und war sieben Jahre lang COO und Executive Vice President meines Beratungsunternehmens DR. WARSCHAWSKI, LLC. Sie ist beruflich sowie menschlich ein herausragender Mensch und war gleichermaßen unterstützend und fördernd auf eine intelligente und liebevolle Weise, wodurch sie so vieles möglich machte, was ohne sie unmöglich gewesen wäre. Ganz herzlichen Dank.

Und schließlich bedanke ich mich aufrichtig bei meinen Studenten, meinen Seminarteilnehmern, meinen Patienten und Klienten für alles, was ich durch sie erfahren und gelernt habe. Es war und bleibt immer mein Ziel, ihnen allen so viel ich kann zu geben, damit sie ihr Leben so leben können, wie sie es am allerliebsten wollen. Im Zuge dieser Arbeit gaben und geben sie mir so viel.

All denen, die hier nicht namentlich erwähnt sind, die mir aber auf irgendeine Weise Gutes getan haben, spreche ich meinen herzlichen Dank aus.

Für all das, was keineswegs selbstverständlich ist, danke ich Gott für seine Vorsehung und seinen Beistand.

Alles kommt von Herzen.

Anmerkung

Ich schrieb dieses Buch in Form einer offenen Konversation zwischen dem Leser und mir, damit möglichst viele Menschen darin eine verständliche Anleitung finden können, um ihr Leben nach ihren Wünschen zu gestalten.

Alles, was in diesem Buch erläutert wird, steht jedoch auf der soliden wissenschaftlichen Basis der Erkenntnisse der Kognitionswissenschaft, das heißt, wie man denkt und wie man die »Wirklichkeit« konstruiert.

Daher liegt es mir am Herzen, dem akademisch interessierten Leser einige ausgesuchte Literaturhinweise zu geben, die verschiedene Themen dieses Buches behandeln.

Bandler, Richard	*Kommunikation und Veränderung – Die Struktur der Magie I und II,* Junfermann, Paderborn 1982
Bandler, Richard	*Reframing,* Junfermann, Paderborn 1985
Bateson, Gregory	*Die Ökologie des Geistes – Anthropologische, psychologische, biologische und epistemologische Perspektiven,* Suhrkamp, Frankfurt 1985
Baumeister, Roy, Tierney, John	*Die Macht der Disziplin – Wie wir unseren Willen trainieren können,* Campus, Frankfurt 2012

Berne, Eric — *Spiele der Erwachsenen – Psychologie der menschlichen Beziehungen*, Rowohlt, Reinbek bei Hamburg 1967

Csíkszentmihályi, Mihály — *Das Flow-Erlebnis – Jenseits von Angst und Langeweile: im Tun aufgehen*, Klett-Cotta, Donauwörth (1993)

Csíkszentmihályi, Mihály — *Flow im Beruf, Das Geheimnis des Glücks am Arbeitsplatz*, Klett-Cotta, Stuttgart 2004

Csíkszentmihályi, Mihály — *Flow – der Weg zum Glück – Der Entdecker des Flow-Prinzips erklärt seine Lebensphilosophie*, Herder, Freiburg 2010

Csíkszentmihályi, Mihály — *Flow und Kreativität – Wie Sie das Unmögliche schaffen und Ihre Grenzen überwinden*, Klett-Cotta, Stuttgart 2014

de Shazer, Steve — *Der Dreh – Überraschende Wendungen und Lösungen in der Kurzzeittherapie*, Carl-Auer-Systeme Verlag, Heidelberg 2004

de Shazer, Steve — *Worte waren ursprünglich Zauber – Von der Problemsprache zur Lösungssprache*, Carl Auer Verlag, Heidelberg 2009

Erickson, Milton H. — *Hypnotherapie – Aufbau, Beispiele, Forschungen*, Pfeiffer, München 1999

Frankl, Viktor E. *Der Mensch auf der Suche nach Sinn,* Klett, Stuttgart 1972

Frankl, Viktor E. *Der Mensch vor der Frage nach dem Sinn – Eine Auswahl aus dem Gesamtwerk.* Piper, München 1979–2006

Frankl, Viktor E. *Der Wille zum Sinn – Ausgewählte Vorträge über Logotherapie,* Huber, Bern 1972

Frankl, Viktor E. *Logotherapie und Existenzanalyse,* Piper, München 1987

Frankl, Viktor E. *… trotzdem Ja zum Leben sagen – Ein Psychologe erlebt das Konzentrationslager ,* dtv, München 1982

Goleman, Daniel *EQ – Emotionale Intelligenz,* Deutscher Taschenbuch Verlag, München 1997

Goleman, Daniel *EQ² – Der Erfolgsquotient,* Deutscher Taschenbuch Verlag, München 2000

Goleman, Daniel *Emotionale Führung,* Ullstein, Berlin 2003

Goleman, Daniel *Konzentriert Euch!,* Piper, München 2013

Goleman, Daniel *Soziale Intelligenz – Wer auf andere zugehen kann, hat mehr vom Leben,* Droemer, München 2006

Grinder, John *Neurolinguistisches Programmieren und die Transformation von Bedeutung,* Junfermann, Paderborn 1985

Kuhn, Thomas S. *Die Entstehung des Neuen – Studien zur Struktur der Wissenschaftsgeschichte,* Suhrkamp, Frankfurt 1978

Kuhn, Thomas S. *Die Struktur wissenschaftlicher Revolutionen,* Suhrkamp, Frankfurt 1981

May, Rollo *Der Mut zur Kreativität,* Junfermann, Paderborn 1987

Seligman, Martin E. *Der Glücks-Faktor – Warum Optimisten länger leben,* Bastei-Lübbe, Bergisch-Gladbach 2005

Seligman, Martin E. *Flourish – Wie Menschen aufblühen – Die positive Psychologie des gelingenden Lebens,* Kösel, München 2012

von Foerster, Heinz *Entdecken oder Erfinden – Wie lässt sich das verstehen?,* Piper, München 1997

von Foerster, Heinz *Der Anfang von Himmel und Erde hat keinen Namen,* Kulturverlag Kadmos, Wien 1997

von Foerster, Heinz *KybernEthik,* Merve, Berlin 1993

von Foerster, Heinz *Wissen und Gewissen – Versuch einer Brücke,* Suhrkamp, Frankfurt 1993

von Foerster, Heinz, von Glasersfeld, Ernst *Einführung in den Konstruktivismus,* Piper, München 1997

von Foerster, Heinz, von Glasersfeld, Ernst *Wie wir uns erfinden,* Carl-Auer-Systeme Verlag, Heidelberg 1999

von Glasersfeld, Ernst *Wege des Wissens – Konstruktivistische Erkundungen durch unser Denken.* Carl-Auer-Systeme Verlag, Heidelberg 1997

von Glasersfeld, Ernst	*Die Wirklichkeit des Konstruktivismus – Zur Auseinandersetzung um ein neues Paradigma,* Carl-Auer-Systeme Verlag, Heidelberg 1995
Watzlawick, Paul	*Anleitung zum Unglücklichsein,* Piper, München 1983
Watzlawick, Paul	*Die Möglichkeit des Andersseins – Zur Technik der therapeutischen Kommunikation,* Hogrefe, vorm. Hans Huber, Bern 1977
Watzlawick, Paul	*Die erfundene Wirklichkeit – Wie wissen wir, was wir zu wissen glauben? Beiträge zum Konstruktivismus,* Piper, München 1981
Watzlawick, Paul	*Die Unsicherheit unserer Wirklichkeit – Ein Gespräch über den Konstruktivismus,* Piper, München 1988
Watzlawick, Paul	*Vom Schlechten des Guten – oder Hekates Lösungen,* Piper, München 1986
Watzlawick, Paul	*Vom Unsinn des Sinns – oder Vom Sinn des Unsinns,* Picus, Wien 1992
Watzlawick, Paul	*Wie wirklich ist die Wirklichkeit? – Wahn, Täuschung, Verstehen,* Piper, München 1997
Watzlawick,Paul, Weakland, John, Fisch, Richard	*Change,* W.W. Norton & Co.mpany, New York 1967
Watzlawick, Paul, Weakland, John, Fisch, Richard	*Lösungen – Zur Theorie und Praxis menschlichen Wandels,* Huber, Bern 1974

Literaturverzeichnis

Andolfi, Maurizio, Angelo, Claudio — *Mythos von der Last auf den Schultern,* Carl-Auer-Systeme Verlag, Heidelberg 1997

Ariely, Dan — *Denken hilft zwar, nützt aber nichts – Warum wir immer wieder unvernünftige Entscheidungen treffen,* Droemer/Knaur, München 2008

Ariely, Dan — *Wer denken will, muss fühlen, Die heimliche Macht der Unvernunft,* Droemer/Knaur, München 2015

Ariely, Dan — *Fühlen nützt nichts, hilft aber – Warum wir uns immer wieder unvernünftig verhalten,* Droemer, München 2010

Auhagen, Ann E. — *Positive Psychologie – Anleitung zum »besseren« Leben,* Psychologische Verlagsunion, Weinheim 2008

Auhagen, Ann E. — *Gefühl und Mitgefühl – Emotionale Achtsamkeit und der Weg zum seelischen Gleichgewicht,* Spektrum Akademischer Verlag, Heidelberg 2011

Bandler, Richard — *Reframing,* Junfermann, Paderborn 1985

Bandler, Richard — *Kommunikation und Veränderung – Die Struktur der Magie I und II,* Junfermann, Paderborn 1982

Bateson, Gregory — *Geist und Natur – Eine notwendige Einheit.* Suhrkamp, Frankfurt 1982

Bateson, Gregory	*Die Ökologie des Geistes – Anthropologische, psychologische, biologische und epistemologische Perspektiven,* Suhrkamp, Frankfurt 1985
Baumeister Roy, Tierney, John	*Die Macht der Disziplin – Wie wir unseren Willen trainieren können,* Campus, Frankfurt 2012
Berger, Warrren	*Die Kunst des klugen Fragens,* Berlin Verlag, Berlin 2014
Berne, Eric	*Spiele der Erwachsenen – Psychologie der menschlichen Beziehungen,* Rowohlt, Reinbek bei Hamburg 1967
Branden, Nathaniel	*Die 6 Säulen des Selbstwertgefühls – Erfolgreich und zufrieden durch ein starkes Selbst,* Piper, München 2003
Brizendine, Louann	*Das männliche Gehirn – Warum Männer anders sind als Frauen,* Goldmann, Hamburg 2010
Brizendine, Louann	*Das weibliche Gehirn – Warum Frauen anders sind als Männer,* Goldmann, München 2010
Coelho, Paulo	*Der Alchimist,* Diogenes, Zürich 1988
Coelho, Paulo	*Der fünfte Berg,* Diogenes, Zürich 1998
Coelho, Paulo	*Auf dem Jakobsweg,* Diogenes, Zürich 1987

Coelho, Paulo — *Am Ufer des Rio Piedra saß ich und weinte,* Diogenes, Zürich 2007

Csíkszentmihályi, Mihály — *Das Flow-Erlebnis – Jenseits von Angst und Langeweile: im Tun aufgehen,* Klett-Cotta, Donauwörth 1993

Csíkszentmihályi, Mihály — *Flow im Beruf, Das Geheimnis des Glücks am Arbeitsplatz,* Klett-Cotta, Stuttgart 2004

Csíkszentmihályi, Mihály — *Flow – der Weg zum Glück – Der Entdecker des Flow-Prinzips erklärt seine Lebensphilosophie,* Herder, Freiburg 2010

Csíkszentmihályi, Mihály — *Flow und Kreativität – Wie Sie das Unmögliche schaffen und Ihre Grenzen überwinden,* Klett-Cotta, Stuttgart 2014

De Bono, Edward — *De Bonos neue Denkschule – Kreativer denken, effektiver arbeiten, mehr erreichen,* mvg, München 2005

De Bono, Edward — *Think! – Denken, bevor es zu spät ist,* mvg, München 2009

De Bono, Edward — *Serious Creativity – Die Entwicklung neuer Ideen durch die Kraft lateralen Denkens,* Schäfer/Poeschel, Stuttgart 1996

de Shazer, Steve — *Das Spiel mit Unterschieden. Wie therapeutische Lösungen lösen.* Carl-Auer-Systeme Verlag, Heidelberg 1992 de Shazer, Steve — *Der Dreh – Überraschende Wendungen und Lösungen in der Kurzzeittherapie,* Carl-Auer-Systeme Verlag, Heidelberg 2004

de Shazer, Steve — *Wege der erfolgreichen Kurztherapie,* Klett-Cotta, Stuttgart 1990

de Shazer, Steve — *Worte waren ursprünglich Zauber – Von der Problemsprache zur Lösungssprache,* Carl Auer Verlag, Heidelberg 2009

Dobelli, Rolf — *Die Kunst des klaren Denkens,* Hanser, München 2011

Dobelli, Rolf — *Die Kunst des klugen Handelns,* Hanser, München 2012

Erickson, Milton H. — *Hypnotherapie – Aufbau, Beispiele, Forschungen,* Pfeiffer, München 1999

Erickson, Milton H. — *Meine Stimme begleitet Sie überall hin. Ein Lehrseminar mit Milton H. Erickson,* Klett-Cotta, Stuttgart 1992

Erickson, Milton H., Rosen, Sidney — *Der richtige Therapeut. Eine Auswahl aus den Lehrgeschichten von Milton H. Erickson,* iskopress, Hamburg 1993

Fisch, Richard, Weakland, John, Segal, Lynn — *Strategien der Veränderung,* Klett-Cotta, Stuttgart 1987

Frankl, Viktor E. — *... trotzdem Ja zum Leben sagen – Ein Psychologe erlebt das Konzentrationslager,* dtv, München 1982

Frankl, Viktor E.	*Der Mensch auf der Suche nach Sinn,* Herder, Stuttgart 1972
Frankl, Viktor E.	*Der Mensch vor der Frage nach dem Sinn – Eine Auswahl aus dem Gesamtwerk,* Piper, München 1979-2006
Frankl, Viktor E.	*Der Wille zum Sinn – Ausgewählte Vorträge über Logotherapie,* Huber, Bern 1972
Frankl, Viktor E.	*Logotherapie und Existenzanalyse,* Piper, München 1987
Goleman, Daniel	*EQ – Emotionale Intelligenz,* dtv, München 1997
Goleman, Daniel	*EQ^2 – Der Erfolgsquotient,* Deutscher Taschenbuch Verlag, München 2000
Goleman, Daniel	*Emotionale Führung,* Ullstein, Berlin 2003
Goleman, Daniel	*Soziale Intelligenz – Wer auf andere zugehen kann, hat mehr vom Leben,* Droemer, München 2006
Goleman, Daniel	*Konzentriert Euch!,* Piper, München 2013
Grant, Adam	*Geben und Nehmen – Erfolgreich sein zum Vorteil aller,* Droemer/Knaur, München 2013
Grant, Adam	*Nonkonformisten – Warum Originalität die Welt bewegt,* Droemer/Knaur, München 2016
Grinder, John	*Neurolinguistisches Programmieren und die Transformation von Bedeutung,* Junfermann, Paderborn 1985

Grossmann, Karin,
Grossmann, E. Klaus — *Bindung und menschliche Entwicklung – Die Grundlagen der Bindungstheorie* (John Bowlby, Mary Ainsworth), Klett-Cotta, Stuttgart 2015

Gruhl, Monika — *Die Strategie der Stehauf-Menschen – Krisen meistern mit Resilienz,* Kreuz, Freiburg 2010

Gruhl, Monika — *Das Geheimnis starker Menschen – Mit Resilienz aus der Überforderungsfalle,* Kreuz, Freiburg 2011

Gunz, Walter — *Ich war doch nicht blöd – Der Gründer von Media Markt gibt Einblicke in eine etwas andere Erfolgsgeschichte. Eine spirituelle Reise durch Politik, Ökologie, Philosophie, Glauben und Religion,* Seltmann & Söhne, Lüdenscheid/Berlin 2013

Harris, Thomas A. — *Ich bin o.k. Du bist o.k. – Wie wir uns selbst besser verstehen und unsere Einstellung zu anderen verändern können,* Rowohlt, Reinbek bei Hamburg 1975

Hayden, Gene C. — *Bleib dran, wenn dir was wichtig ist – Die Kunst, Zweifel zu überwinden und Ziele konsequent zu verfolgen,* dtv. premium, München 2011

Heinemann, Helen — *Warum Burnout nicht vom Job kommt – Die wahren Ursachen der Volkskrankheit Nr. 1*, adeo, Asslar 2012

Hüther, Gerald — *Was wir sind und was wir sein könnten – Ein neurobiologischer Mutmacher,* S. Fischer, Frankfurt 2011

Hüther, Gerald — *Die Freiheit ist ein Kind der Liebe – Die Liebe ist ein Kind der Freiheit,* Kreuz, Freiburg 2012

Izzo, John — *Die fünf Geheimnisse, die Sie entdecken sollten, bevor Sie sterben,* Goldmann, München 2010

Kindl-Beilfuß, C. — *Fragen können wie Küsse schmecken – Systemische Fragetechniken für Anfänger und Fortgeschrittene,* Carl-Auer Verlag, Heidelberg 2008

Kohlrieser, George — *Gefangen am runden Tisch: Klarheit schaffen, entschlossen verhandeln, Leistung freisetzen,* Wiley-VCH, Weinheim 2008

Kuhn, Thomas S. — *Die Struktur wissenschaftlicher Revolutionen,* Suhrkamp, Frankfurt 1981

Kuhn, Thomas S. — *Die Entstehung des Neuen – Studien zur Struktur der Wissenschaftsgeschichte,* Suhrkamp, Frankfurt 1978

Kumbier, Dagmar — *Sie sagt, er sagt – Kommunikationspsychologie für Partnerschaft, Familie und Beruf,* Rowohlt, Stuttgart 2006

Leibovici-Mühlberger, Martina — *Die Burnout-Lüge – Was uns wirklich schwächt und wie wir stark bleiben,* edition a, Wien 2013

Lelord, François — *Hectors Reise oder die Suche nach dem Glück*, Piper, München 2006

Lelord, François — *Hector und die Entdeckung der Zeit*, Piper, München 2008

Lelord, François — *Hector & Hector und die Geheimnisse des Lebens*, Piper, München 2009

Lelord, François — *Das Geheimnis der Cellistin – Ganz normale Fälle eines ungewöhnlichen Psychiaters*, Piper, München 2012

Levine, Steven — *Hör auf deinen Kummer – Warum es uns besser geht, wenn wir unsere Sorgen nicht verdrängen*, Herder, Freiburg 2007

Lipchick, Eve — *Von der Notwendigkeit, zwei Hüte zu tragen – Die Balance von Technik und Emotion in der lösungsfokussierten Therapie*, Carl-Auer-Systeme Verlag, Heidelberg 2011

Madanes, Cloé — *Hinter dem Einwegspiegel. Fortschritte in der strategischen Therapie*, iskopress, Hamburg 1989

Mai, Jochen, Rettig, Daniel — *Ich denke, also spinn ich – Warum wir uns oft anders verhalten, als wir wollen*, dtv, München 2012

Maturana, Humberto — *Erkennen – Die Organisation und Verkörperung von Wirklichkeit*, Vieweg, Wiesbaden/Braunschweig 1982

Maturana, Humberto, Pörksen, Bernhard — *Vom Sein zum Tun. Die Ursprünge der Biologie des Erkennens,* Carl-Auer-Systeme Verlag, Heidelberg 2002

Maturana, Humberto, Varela, Francisco — *Der Baum der Erkenntnis. Die biologischen Wurzeln des menschlichen Erkennens.* Scherz, Bern-München-Wien 1987 und Goldmann, München 1991

Maturana, Humberto, Verden-Zöller, Gerda — *Liebe und Spiel. Die vergessenen Grundlagen des Menschseins.* Carl-Auer-Systeme Verlag, Heidelberg 1993

May, Rollo — *Der Mut zur Kreativität,* Junfermann, Paderborn 1987

Moestl, Bernhard — *Shaolin – Du musst nicht kämpfen, um zu siegen – Mit der Kraft des Denkens zu Ruhe, Klarheit und innerer Stärke,* Knaur, München 2008

Moestl, Bernhard — *Die Kunst, einen Drachen zu reiten – Erfolg ist das Ergebnis deines Denkens,* Knaur, München 2009

Moestl, Bernhard — *Wer Grenzen zieht, kann Wege öffnen – Das Tao der Erziehung,* Knaur, München 2010

Moestl, Bernhard — *Das Shaolin-Prinzip – Tue nur, was du selbst entschieden hast,* Knaur, München 2012

Padesky, Ch. A. — *Gedanken verändern Gefühle – Kognitive Therapie,* Junfermann, Paderborn 2007

Pattakos, Alex	*Gefangene unserer Gedanken – Viktor Frankls 7 Prinzipien, die Leben und Arbeit Sinn geben,* international Linde, Wien 2011
Radatz, Sonja	*Leidensweg Beruf – ... denn Sie müssen nicht, was Sie tun,* Verlag systemisches Management, Wien 2007
Radatz, Sonja	*Beratung ohne Ratschlag – Systemisches Coaching für Führungskräfte und Berater/innen,* Verlag systemisches Management, Wien 2000
Seligman, Martin E.	*Der Glücks-Faktor – Warum Optimisten länger leben,* Bastei-Lübbe, Bergisch-Gladbach 2005
Seligman, Martin E.	*Flourish – Wie Menschen aufblühen – Die positive Psychologie des gelingenden Lebens,* Kösel, München 2012
Sharma, Robin S.	*Jeder kann in Führung gehen – Eine moderne Fabel über den Erfolg im Beruf und im Leben,* Pattloch, München 2011
Shaw, Robert M.D.	*The Epidemic – The Rot of American Culture, Absentee and Permissive Parenting, and the Resultant Plague of Joyless, Selfish Children,* HarperCollins Publishers, New York 2003
Simon, Fritz B.	*Meine Psychose, mein Fahrrad und ich – Zur Selbstorganisation der Verrücktheit,* Carl-Auer Verlag, Heidelberg 2002

Simon, Fritz B. *Zirkuläres Fragen – Systemische Therapie in Fallbeispielen: Ein Lernbuch*, Carl-Auer Verlag, Heidelberg 1999

Sprenger, Bernd *Die Illusion der perfekten Kontrolle*, Kösel, München 2009

Taleb, Nassim N. *Antifragilität – Anleitung für eine Welt, die wir nicht verstehen*, Knaus, München 2013

Taleb, Nassim N. *Der schwarze Schwan – Die Macht höchst unwahrscheinlicher Ereignisse*, dtv Sachbuch, München 2013

Taleb, Nassim N. *Narren des Zufalls – Die verborgene Rolle des Glücks an den Finanzmärkten und im Rest des Lebens*, Wiley-VCH, Weinheim 2008

Tavris, Carol, Aronson, Elliot *Ich habe recht, auch wenn ich mich irre – Warum wir fragwürdige Überzeugungen, schlechte Entscheidungen und verletzendes Handeln rechtfertigen*, Riemann, München 2010

Trunk, Trude *Paul Watzlawick – Man kann nicht nicht kommunizieren*, Huber, Bern 2011

von Foerster, Heinz *Entdecken oder Erfinden – Wie lässt sich das verstehen?* Piper, München 1997

von Foerster, Heinz *Der Anfang von Himmel und Erde hat keinen Namen*, Kulturverlag Kadmos, Wien 1997

von Foerster, Heinz *KybernEthik*, Merve, Berlin 1993

von Foerster, Heinz *Wissen und Gewissen – Versuch einer Brücke*, Suhrkamp, Frankfurt 1993

von Foerster, Heinz *Sicht und Einsicht.* Carl-Auer-Systeme Verlag, Heidelberg 1999

von Foerster, Heinz, Bröcker, Monika *Teil der Welt. Fraktale einer Ethik – ein Drama in drei Akten.* Carl-Auer-Systeme Verlag, Heidelberg 2002

von Foerster, Heinz, Pörsken, Bernhard *Wahrheit ist die Erfindung eines Lügners. Gespräche für Skeptiker.* Carl-Auer-Systeme Verlag, Heidelberg 2001

von Foerster, Heinz, von Glasersfeld, Ernst *Einführung in den Konstruktivismus,* Piper, München 1997

von Foerster, Heinz, von Glasersfeld, Ernst *Wie wir uns erfinden,* Carl-Auer-Systeme Verlag, Heidelberg 1999

von Glasersfeld, Ernst *Wege des Wissens – Konstruktivistische Erkundungen durch unser Denken.* Carl-Auer-Systeme Verlag, Heidelberg 1997

von Glasersfeld Ernst *Die Wirklichkeit des Konstruktivismus – Zur Auseinandersetzung um ein neues Paradigma,* Carl-Auer-Systeme Verlag, Heidelberg 1995

von Thun, Schulz F. *Miteinander reden 1 – Störungen und Klärungen,* Rowohlt, Reinbek bei Hamburg 1989 von Thun, Schulz F. *Miteinander reden 2 – Stile, Werte und Persönlichkeitsentwicklung*, Rowohlt, Reinbek bei Hamburg 1989

von Thun, Schulz F. *Miteinander reden 3 – Inneres Team und situationsgerechte Kommunikation*, Rowohlt, Reinbek bei Hamburg 1989

von Thun, Schulz F. *Klarkommen mit sich und anderen – Kommunikation und soziale Kompetenz*, Rowohlt, Reinbek bei Hamburg 2004

Ware, Bronnie *5 Dinge, die Sterbende am meisten bereuen*, Goldmann, München 2015

Watzlawick, Paul *Anleitung zum Unglücklichsein*, Piper, München 1983

Watzlawick, Paul *Wie wirklich ist die Wirklichkeit? – Wahn, Täuschung, Verstehen*, Piper, München 1997

Watzlawick, Paul *Die Möglichkeit des Andersseins – Zur Technik der therapeutischen Kommunikation*, Hogrefe, vorm. Hans Huber Verlag, Bern 1977

Watzlawick, Paul *Vom Schlechten des Guten – oder Hekates Lösungen*, Piper, München 1986

Watzlawick, Paul *Vom Unsinn des Sinns – oder Vom Sinn des Unsinns*, Picus, Wien 1992

Watzlawick, Paul *Die erfundene Wirklichkeit – Wie wissen wir, was wir zu wissen glauben? Beiträge zum Konstruktivismus*, Piper, München 1981

Watzlawick, Paul — *Die Unsicherheit unserer Wirklichkeit – Ein Gespräch über den Konstruktivismus,* Piper, München 1988

Watzlawick, Paul, Weakland, John, Fisch, Richard — *Change,* W.W. Norton & Co.mpany New York 1967

Watzlawick, Paul, Weakland, John, Fisch, Richard — *Lösungen – Zur Theorie und Praxis menschlichen Wandels,* Huber, Bern 1974

Whitaker, Carl A. — *Midnight Musing of a Family Therapist,* W. W. Norton & Co.mpany, New York 1990

Whitaker, Carl A. — *Das David & Goliath-Syndrom – Manifeste eines Familientherapeuten,* Junfermann, Paderborn 1991

Whitaker, Carl A., Bumberry, William M. — *Dancing with the Family: A Symbolic-Experiential Approach,* Taylor & Francis, London 1988

Zeig, Jeffrey K — *Meine Stimme begleitet Sie überall hin – Ein Lehrseminar mit Milton H. Erickson,* Klett-Cotta, Stuttgart 1985-1988

Seminare mit Prof. Dr. Peter Warschawski

- Überwinden eigener Grenzen
- Vision in Aktion
- Coaching-Kurs
- Selbstvertrauen und Erfolg – eine Synergie
- Souverän führen statt kämpfen
- Das visionsgeführte Unternehmen
- Die erfüllende Partnerschaft – Basis des beruflichen Erfolgs

Die detaillierte Beschreibung der Seminare finden Sie auf unserer Website

www.drwarschawski.com